딸 키울 때
꼭 알아야 할
12가지

Growing Great Girls
Copyright ⓒ Ian and Mary Grant 2008
First published by Random House New Zealand Ltd, Auckland, New Zealand.
This edition published by arrangement with Random House New Zealand Ltd.

No part of this book may be used or reproduced in any manner whatever without written permission except in the case of brief quotations embodied in critical articles or reviews.

Korean Translation Copyright ⓒ 2016 by Sigongsa
This Korean language edition is published by arrangement with Random House New Zealand Ltd. through BC Agency, Seoul.

이 책의 한국어판 저작권은 BC 에이전시를 통한 저작권자와의 독점 계약으로 ㈜시공사에 있습니다. 저작권법에 의해 한국 내에서 보호를 받는 저작물이므로 무단 전재와 복제를 금합니다.

딸 키울 때 꼭 알아야 할 12가지

한 권으로 끝내는 딸 키우기

이안 그랜트·메리 그랜트 지음

유윤한 옮김

PROLOGUE

딸이 자신만의 목소리를 낼 수 있도록 이야기를 들어주자

《아들 키울 때 꼭 알아야 할 12가지(Growing Great Boys)》가 출간된 이후 많은 독자들이 딸에 대한 책은 언제 낼 것인지 물어왔다. 그 동안 우리 부부는 딸을 키우는 것과 관련된 최신 연구를 쫓아가기 위해 많은 책과 논문을 읽었고, 부모들에게 양질의 최신 정보를 주기 위해 수차례 세미나를 열기도 했다. 하지만 막상 '딸을 잘 키우려면 어떻게 해야 하는가'에 대한 책을 쓰려니 조금 망설여졌다.

우리는 아들 둘, 딸 하나를 키웠고, 지난 8년 동안 삶의 일부가 된 소중한 손자들이 6명 생겼다. 이렇다 보니 딸 가진 부모이기는 해도 최근 20여 년 동안은 여자아이와 친밀한 관계를 맺을 기회가 없었다. 그런데 딸 키우기에 관한 책을 써야겠다는 생각을 굳힐 일이 생겼다. 지난해 우리 아이들이 선물 같은 손녀를 3명이나 안겨줬기 때문이다. 3명의 귀여운 여자아이들이 삶 속으로 찾아온 순간 이 책을 쓰는 것에 대해 진지하게 생각했고 해보자고 결심하게 되었다. 물론 이 책을 쓰게 된 동기가 오직 손녀 때문만은 아니다. 오늘날 사회는 그 어느 때보다 여자아이들에 대해 공격적이다. 부모들은 날마다 파도처럼 덮치는 상업적인 흥밋거리나 미디어의 압박에 맞서 싸우며 살고 있다. 게다가 인터넷에 떠돌아다니는 수많은 자료까지 가세해 잘못된 정보를 진실로 착각하게 한다. 넘쳐나는 외설물과 패션이나 음악으로 스며든 저급 문화가 개인의 삶 곳곳에 영향을 끼치며 여자아이들이 건강한 어른으로 성장하는 것을 방해하고 있다.

 우리는 딸을 키우는 부모들이 최고의 기회를 가지도록 돕겠다는 희망으로 이 책을 썼다. 그 기회란 딸을 양육하며 함께하는 시간을 즐기고, 자립심, 자신감, 애정이 넘치는 여성을 세상에 내놓는 기쁨을 맛보는 것이다. 여자아이는 독특한 본성 때문에 강한 애착을 필요로 한다. 그동안 남자아이와 여자아이를 동등하게 대하는 데에만 신경 쓰느라 여자아이들만의 독특한 개성과 본성을 존중하는 것에는 소홀했다. 이 책에 제시된 방법을 통해 딸을 내면의 강인함과 외적인 우아함을 갖추는 길로 인도하는 훌륭한 멘토가 되기를 바란다. 딸은 부모의 올바른 양육 아래 어려움을 맞닥뜨리더라도 충분히 이겨낼 회복 능력이 있는 여성으로 자랄 것이다. 부모는 딸이 건강하고 자기 색깔이 분명한 어른으로 자랄 수 있도록 도와줘야 한다.

양육이란 여정에서 성공하길 기원하며…
이안 그랜트, 메리 그랜트

CONTENTS

프롤로그 ♥ 4

· CHAPTER 1 ·
나는 딸 가진 부모로서 자격이 충분한가? ♥ 10

· CHAPTER 2 ·
딸은 부모와의 애착 관계에서 안정을 찾는다 ♥ 26

· CHAPTER 3 ·
딸의 본성을 이해하면 양육의 반은 끝난다 ♥ 40

· CHAPTER 4 ·
자존감은 딸의 성장에 필수다 ♥ 60

· CHAPTER 5 ·
험난한 디지털 세상에서 딸을 지켜라 ♥ 88

· CHAPTER 6 ·
딸은 건강한 가정 안에서 잘 큰다 ♥ 124

· CHAPTER 7 ·
딸은 훈육하는 법도 다르다 ♥ 148

• CHAPTER 8 •
초등학생 딸은 더 이상 품 안의 자식이 아니다 ♥ 170

• CHAPTER 9 •
딸의 사춘기 시작이 중요하다 ♥ 200

• CHAPTER 10 •
십대 딸을 이해하려 하지 마라 ♥ 216

• CHAPTER 11 •
엄마나 아빠 없이도 딸은 행복할 수 있다 ♥ 240

• CHAPTER 12 •
딸에게 용기를 주는 엄마가 되라 ♥ 254

• CHAPTER 13 •
딸에게 자신감을 주는 아빠가 되라 ♥ 272

• CHAPTER 14 •
인격과 개성을 갖춘 딸로 키워라 ♥ 290

부모가 되는 일은 신비로움과 경외심을 가지고 대해야 한다. 부모는 새 생명이 삶을 시작하는 현장을 지켜보는 기쁨을 누리는 동시에, 그 생명이 풍요와 신비로 가득 찬 삶 속으로 날아들 수 있도록 도와주는 기회를 갖는다. 부모가 된다는 것은 이 세상을 이끌어가는 기초 재료를 만드는 것과 같다.

켄트 너번, 《단순한 진리》

01 CHAPTER

나는 딸 가진 부모로서 자격이 충분한가?

딸들에게는 부모로 하여금 양육에 대해 다른 관점을 가지게 하는 특별한 구석이 있다. 딸은 본능적으로 관계 맺기를 열망하며, 갓 태어난 순간부터 상대방과 눈을 맞추려 하고, 언어로 하는 의사소통에 빠른 반응을 보인다. 부모나 조부모는 이 예쁜 모습을 바라보며 어느새 마법에 걸리고 만다. 딸에게는 사랑스러운 점이 너무 많다. 딸에게는 관계를 향한 자연스러운 욕구와 인형이든 애완동물이든 친구든 상관없이 보살펴줄 수 있는 내적인 능력이 있다. 딸들은 애정이 넘치는 가족의 구성원이 되기를 갈망할 수밖에 없는 존재다.

    딸의 내면에 자리 잡은 이와 같은 자질은 부모에게 든든함을 안겨준다. 덕분에 부모는 딸과 강력한 애착 관계를 형성하는 일이 어렵지 않다. 딸이 사춘기에 힘든 시간을 보낼 때에도 부모는 여전히 좋은 지원군으로 남을 수 있다. 어린 딸의 얼굴을 들여다보며 함께 놀다 보면 작은 생명 안에 깃든 잠재력을 느낄 수 있다. 부모는 자연스레 딸이 자란 뒤에도 아이였을 때의 순진함과 자아의식을 지켜갈 수 있기를 바란다. 그리고 부모를 바라보는 맑은 두 눈에 부끄러움이나 두려움이 담기지 않기를 희망해본다.

하지만 부모의 바람을 뒤흔드는 소식이 너무도 자주 들린다. 우리가 살아가는 문화 속에는 여자아이에게 해로운 것이 널려 있고, 개인주의, 물질주의적 풍조 속에서 많은 장애물과 마주하게 된다. 이러한 사회에서 흔히 맞닥뜨리는 기초적인 질문은 '나는 부모로서 자격이 충분한가?'이다.

투자하고 이익을 거두는 금융 업무의 개념에 따르면, 어떤 일에 성공을 거두기 위해서는 시간과 노력을 투자해야 한다. 초기에 현명하게 투자하고 오르락내리락하는 가치 변동을 견뎌내면 결국 수익을 올릴 수 있다. 여자아이 양육도 이와 비슷하다. 중요한 점은 초기에 부모가 아이와 얼마나 강한 애착 관계를 형성할 수 있는지, 무슨 일이 있어도 아이에게 헌신적인 모습을 보여줄 수 있는지 그리고 아이가 어떤 어른으로 성장할지에 대해 부모로서 확고한 비전을 가지고 있는지 아는 것이다.

이 책은 딸이 태어나 십대 후반에 이르기까지의 시간을 다룰 것이다. 이 책을 쓰는 내내 전제로 한 중요한 사실은 '딸에게는 부모의 적극적인 참여를 바탕으로 한 사랑이 넘치는 양육이 필요하다'라는 점이다. 딸이 십대가 되면 컴퓨터 같은 전자 제품을 다루는 데에 능숙해지고, 때로는 아주 독단적으로 행동하며 더 이상 부모의 보살핌이 필요 없는 것 같은 모습을 보이기도 한다.

하지만 타고난 본성과 생물학적인 특성 때문에 딸은 여전히 친밀한 유대 관계를 필요로 한다. 사랑이 넘치는 부모의 일관된 교육 그리고 다른 가족들이 보여주는 사랑과 관심만큼 십대 딸이 바른 자존감을 형성하는 데 중요한 것은 없다. 십대 때 완전하게 발달하지 못하는 것은 뇌의 전두엽만이 아니다(전두엽은 위험을 판단하고, 미래를 예측하고 계획하는 데 아주 중요한 역할을 한다).

십대 시기의 딸은 여성스러움을 부각시키기 위해 꾸미고 화장도 한다. 이것은 딸이 자신을 이해하려는 거대한 도전과 마주하게 되었다는 의미다. 십대인 딸은 자신의 감정적이고 정서적인 세계, 생리적인 상태, 호르몬 변화에 따른 에너지 수준을 알기 위해 수많은 시행착오를 거쳐야 한다. 부모는 이러한 딸의 내면에 '너는 사랑스럽고, 소중하고, 가치 있는 존재'라는 메시지를 확실하게 심어주는 일을 함께할 동지가 되어줘야 한다.

딸이 성장해가는 단계 하나하나가 매우 중요하다. 각 단계는 다음 단계를 건강하게 받아들이도록 도와주는 디딤돌이 되기 때문이다. 그중에서도 사춘기 직전 단계는 매우 중요하다. 딸이 외모만 가꾸면서 십대 시절을 보내게 된다면 머지않아 심각한 문제와 마주하게 될 것이다. 부모는 딸과 꾸준히 대화하고 친밀한 유대를 맺으며 딸이 학창 시절 학습에 전념해 능력을 갖추도록 도와줘야 한다. 이 시기의 딸들은 옳고 그른 것에 대해 아주 민감하고, 규칙에 따라 흑백을 분명하게 갈라 판단하기를 좋아한다. 또, 사춘기를 겪는 몇 년 동안 가족의 소중함과 원칙을 이해하고 배워가며, 가족 구성원으로 소속되어 있다는 사실에 행복을 느낀다.

사춘기 여자아이들은 자신감에 차 다양한 신체적 도전에도 당당히 맞서려 한다. 부모는 딸과 함께 캠핑이나 등산을 가거나, 혹은 다양한 야외 체험 활동을 하며 가족 이야기나 토론을 해볼 좋은 기회로 삼을 수 있다. 부모는 이 시기를 지혜롭게 잘 활용해야 한다. 이는 초보자에게 래프팅을 가르칠 때 물살이 조용한 곳에서 필요한 기술을 미리 알려주는 기간과 비슷하다.

초보자는 급류에 이르기 전에 체력과 능력을 키우며 노젓는 법, 까다로운 물살 다루는 법, 팀워크 등을 배워야 본격적인 급류 타기로 넘어갈 수 있다. 딸이 인생의 급류에 도달하게 되더라도 그것을 인격과 능력을 시험해볼 도전으로 기꺼이 받아들일 수 있도록 하겠다는 목표를 세워보자. 잘 키운 딸에게 인생의 급류는 재앙이 아니라 자신을 성장시킬 멋진 도약이 될 것이다.

딸 키우는 부모가 해야 하는 일

부모의 가장 중요한 역할은 격려다. 딸이 감성을 가득 충전하여 사춘기를 보낼 수 있게 해줘야 한다. 딸이 다른 사람들과 친밀한 유대를 맺을 수 있는 능력과 흥미를 키울 수 있게 도와주는 것도 중요하지만, 스스로가 애정과 인정을 충분히 느끼도록 해야 할 것이다. 부모는 지혜를 가르치는 동시에, 딸의 기억 하나하나를 칭찬하고 인정하는 메시지로 가득 채워줘야 한다. 살면서 필요한 자질이 자신에게 충분하다는 사실을 깨닫게 되면, 딸은 어려움을 이겨낼 강인함과 심리적인 안정감을 갖춘 사람으로 자란다.

또, 부모는 딸에게 가족 구성원으로서 어떻게 행동해야 하는지, 다른 사람이 자신을 어떻게 대하도록 해야 하는지에 대해 올바른 기준을 가지게 해야 한다. 무엇보다 딸이 가족 구성원으로서 해야 할 일을 한 다음 자유 시간을 가질 수 있다는 사실을 가르쳐주면, EQ(감성 지수)를 높이는 기초를 닦을 수 있다. 딸의 감성을 키워주기 위해 아이용 교육 영상을 아무리 많이 보여준다 해도 기본적인 공감 능력과 자제력이 없다면 살아가는 데 가장 중요한 뼈대와 핵심을 갖추지 못한 꼴이 되고 만다. EQ는 훌륭한 양육을 통해 부모가 딸에게 선사해줄 수 있는 가장 위대한 선물이다.

딸이 마주할 세상은 그리 만만하지 않다

오늘날 여자아이들에게는 너무도 많은 기회의 문이 열려 있다. 원한다면 어떤 일에든 도전할 수 있고, 사회는 이러한 아이들에게 평등과 자율성을 보장해주려 노력한다. 교육적으로도 지금까지 그 어떤 세대가 받지 못했던 혜택을 누리고 있는 게 사실이다. 공식적으로 보고된 자료에 따르면, 학문적으로 여성은 남성 동료들보다 더 많은 성취를 이루어내고 있다. 하지만 그와 동시에 특별한 도전과 마주하고 있다. 이 도전은 기술적으로 포화 상태인 시대적 특징과 관련된 독특한 것이다.

마이클 거리언(Michael Gurian)은 저서인 《여자아이 심리백과(The Wonder of Girls)》에서 우리가 살아가는 물질주의, 개인주의적 문화는 친밀함과 유대 관계를 갈망하는 여자아이들의 타고난 욕구에 어긋난다고 했다. 게다가 사회는 여자아이들을 보호하기 위한 기준이나 규범을 유지하는 데 그다지 관심과 주의를 기울이지 않는다.

시대에 맞는 딸 양육이 필요하다

할리우드 영화 제작자이자 세 딸의 아버지인 리처드 랜더(Richard Lander)는 10년 전쯤 최초로 맥스닷컴(max.com)이라는 인터넷 필터 시스템을 개발했다. 그는 자신이 몸담고 있는 할리우드에서 벌어지는 일을 보며 '순수의 시대'는 죽었다고 생각했다. 인터넷 서핑을 하며 욕망을 채우려는 소아 성애자들이 너무도 많았다. 게다가 인터넷에 떠도는 자료의 3분의 1 이상이 외설물이고, 이것을 가장 많이 보는 연령층은 12~17살 사이의 남자아이들이다. 이 시대는 남성이 여성에 대해 일차원적이고 왜곡된 시각을 가지기 쉽도록 흘러가고 있다. 특히 정신적으로 성숙하지 않은 남자아이들에게 외설물에 나오는 모욕적인 행위를 여성들이 좋아한다는 잘못된 믿음을 심어주고 있다. 오늘날 여자아이들은 이렇게 비뚤어진 시각을 가진 남성이 들끓는 시대 속에 살고 있다.

외설물이 인터넷에 넘쳐나는 시대를 맞아 부모들은 경계 태세를 갖출 필요가 있다. 사실 인터넷만이 문제는 아니다. 많은 대중 매체가 여자아이들에게 비정상적인 어른들의 세계를 적나라하게 보여주고 있다. 음주, 성 문화가 여자아이들의 세계로 파고든 지는 이미 오래되었다. 부모와 딸들은 이러한 도전과 마주하며 결단을 내려야만 하는 상황이다. 우리 사회는 지나치게 빨리 여자아이들을 성숙한 어른들의 세계로 내몰려는 경향이 있다. 그래서 일부는 너무 이른 나이에 보호 장비도 갖추지 못한 채 위험천만한 사춘기 속으로 세차게 떠밀려 들어간다.

사회가 여자아이들을 잘 보살피지 못하고 있는 만큼 부모가 더 많은 몫을 감당해야 한다. 부모는 딸이 정서적으로 풍요롭고 건강하게 어린 시절을 보낼 수 있도록 좀 더 적극적으로 나서고 경계 태세를 강화해야 한다. 이 도전에 대한 가장 훌륭한 대응 방법은 부모의 사랑과 가르침이라는 공식을 따르는 것이다. 딸을 양육하며 지켜야 할 가장 기본적인 원칙은 시대가 흘러도 변하지 않는다. 부모는 언제, 어디서나 자녀에게 좋은 지도자이자 응원자가 되어야 한다. 그러기 위해서는 딸이 어렸을 때부터 함께 소중한 시간을 보내고, 자주 따뜻한 신체 접촉을 하며, 사랑이 넘치는 시선으로 눈을 맞춰야 한다.

딸을 양육하는 부모에게 희소식이 있다. 부모가 모든 것을 떠맡을 필요가 없다는 사실이다. 물론 부모는 딸의 인생에 가장 큰 영향력을 끼치는 사람이다. 하지만 많은 성공한 여성들 또한 자라나는 딸에게 강력한 롤 모델이 되어줄 수 있다. 조부모, 삼촌, 숙모, 선생님, 단체 활동 지도자 등도 딸에게 큰 영향을 끼칠 수 있다. 이러한 인생의 멘토들은 딸이 장애물을 피하는 대신 뛰어넘어 계속 앞으로 나아가도록 힘을 불어넣어 줄 것이다.

최근에 태어난 지 9주된 손녀를 만나러 런던에 간 적이 있었다. 나는 갓난아기를 무릎에 앉히고 책을 읽어줬다. 놀랍게도 아기는 내 목소리에 흥미를 느끼며 집중했다. 와이프와

나는 이와 같은 반응에 기쁜 나머지 서로 경쟁이라도 하듯이 아기에게 속삭이느라 바빠졌다. 이 일을 통해 다시 한 번 깨달은 사실은 여자아이들은 갓난아기 때부터 언어로 의사소통하고 관계 맺는 일에 반응하려 한다는 것이다. 딸이 아주 어렸을 때부터 많은 대화를 나누고, 정서적으로 공감하며, 안정감과 즐거움을 주도록 하자. 딸은 세상을 자신 있게 탐험하고 스스로 인식한 것에 확신을 가질 수 있는 든든한 배경을 얻게 된다.

내 딸은 내가 지킨다

아이들의 정신세계는 자랄 때 주변에 있던 사람들로부터 큰 영향을 받는다. 가족 분위기가 편안한지 공격적인지, 조용한지 활기찬지, 재미있는지 엄숙한지 등 아이의 두뇌는 분위기에 영향을 받으며 자라고, 이 과정에서 아드레날린이 가족의 일반적인 스트레스 수준에 맞게 조정된다.

— 스티브 비덜프, 《3살까지는 엄마가 키워라》

딸에게 자신감을 줄 수 있는 큰 어른이 되어 집안을 따뜻하고 질서 있게 만들자. 하버드대학교의 버튼 화이트(Burton

White) 박사는 10년 동안의 연구 끝에, 아이들이 성장하면서 건강한 마음을 유지하도록 하는 가장 중요한 비결 중 하나는 세 가지 기능에 뛰어난 부모들이라는 결론을 내렸다. 이 부모들은 자녀가 처한 환경을 조직적으로 설계하고 준비하는 데 뛰어나다. 자녀를 위로하고, 자녀에게 필요한 정보를 주고, 문제에 대한 해결책을 제시하기 위해 집중적이지만 짧은 개입을 한다. 또, 넘치는 애정을 보여주면서도 훈육할 때에는 엄격하다.

부모로서의 역할을 결코 과소평가하지 말자. 사회가 그것을 알아주든 알아주지 않든 간에 능력 있고 다정한 어른을 길러내기 위해 부모의 헌신은 필수적이다.

딸을 잘 키우는 길은 딸을 사랑하는 것에서 시작된다

갓난아기의 생존은 엄마와 공생하는 관계에 달려 있다. 제대로 보살핌을 받지 못한 아이들은 그러한 공생 관계가 깨질지도 모른다는 두려움으로 고통받는다. 어린 딸이 이와 같은 상황에 처하면, 자신을 양육하는 사람으로부터 필요한 것을 공급받지 못해 생존하지 못할지도 모른다는 공포를 느끼게 된다. 이 불안은 어른이 된 후의 삶에도 영향을 끼친다. 신경증적인 불안과 결핍감으로 인해 건강하지 않고 의존적인 관계에 집착하고, 자신이 양육하게 될 다음 세대에까지 나쁜 영향을 끼칠 수 있다. 딸이 필요로 하는 것을 들어주기 위해 부모가 갖춰야 할 것은 아동 심리학 박사 학위도 아니요, 백만장자의 부유함도 아니다. 기꺼이 부모가 되어 자연적으로 샘솟는 사랑을 쏟으려는 자세로 시간을 들이면 된다.

아동 전문가가 18개월짜리 딸을 둔 부모를 찾아가 도와주는 다큐멘터리를 본 적이 있다. 아기가 잠을 거의 자지 않아 부모가 애를 먹고 있었다. 이미 몇몇 전문가들에게 상담을 받아봤지만 아무런 효과도 보지 못한 상태였다. 부모는 딸이 너무 영리해서 자지 않고 깨어 있으려 한다고 생각했다. 아동 심리학 전문가는 이 가족을 며칠 동안 관찰한 후 다음과 같은 결론을 내렸다.

"맞아요. 이 아이는 너무 똑똑해요. 그리고 불안도가 높기 때문에 잠을 자지 않으려 하는 거예요. 부모가 진정한 어른이 되는 일에 자신 없어 한다는 것을 알기 때문이지요. 두 분 모두 부모로서 무엇을 해야 할지 제대로 모르는 것 같아요. 그래서 아이는 자신이 잠들어도 안전하게 보호받고 있다는 확신을 느끼지 못하는 거예요."

전문가의 충고는 아주 간단한 것이었다. 우선, 예측 가능한 질서가 있는 규칙적인 일상을 만들어가라고 강조했다. 그렇게 되면 갓난아기는 자신을 둘러싼 세상이 제대로 돌아가고 있으며 안전하다는 확신을 느끼게 될 것이다. 저녁 식사 후에 놀이 시간을 갖고 목욕을 한 다음 잠자리에 드는 것과 같은 단순하고 규칙적인 일상은 아이들이 안전하다고 느끼며 평화롭게 잠들 수 있는 중요한 비결이다. 몇 주가 지나는 동안 규칙적이고 안정된 일상이 자리를 잡았고 그에 따라 모든 것이 달라지기 시작했다. 부모는 진정한 어른으로서 해야 할 역할을 받아들이며 성장하기 시작했고, 아이는 심리적인 안정을 찾아갔다.

딸 잘 키우는 tip

♡ 딸이 어떤 여성으로 성장해 세상으로 나가길 바라는가? 그 모습을 미리 그려보고 꿈꿔보자. 딸이 십대 후반이 되면 자신감이 넘치고, 낙관적이고, 모험을 두려워하지 않고, 관대하고, 정직하고, 다정한 어른이 될 자질을 내면에서 발견하고 인정해준다.

♡ 가정은 민주주의를 따르지 않는다는 사실을 명심하자. 가족 구성원들은 야채를 먹기 싫어도 먹어야 하고, 학교에 가기 싫어도 가야 하며, 아이들은 컴퓨터를 아무 때나 마음대로 사용할 수 없다.

♡ 딸이 십대에 접어들면 서로 협상해서 결정할 일이 많아진다. 이 과정에서 상처받고 관계가 망가지지 않으려면 딸이

원하는 바를 존중해주고 어릴 때부터 쌓아온 신뢰를 이용해야 한다. 단, 딸이 나이에 적절한 결정을 내리고 기준을 넘어서지 않도록 인도해야 한다. 딸이 어느 정도 성숙했는지 잘 판단해 알맞은 정도까지만 자유를 허락하자.

딸이 멋진 미래를 꿈꿀 수 있기 위해서는…

- 딸은 부모의 진심 어린 사랑 안에서 자라야 한다.
- 딸에게는 다정한 가족 구성원이 필요하다.
- 부모는 딸의 미래에 대해 건강한 이상을 품어야 한다.
- 딸에게 따뜻한 애정과 즐거움이 넘치는 환경 및 예측 가능한 일상을 제공해야 한다.
- 부모는 딸의 인생 출발점부터 큰 어른 역할을 해야 한다.
- 부모는 멀리 내다볼 수 있는 안목을 가져야 한다.

엄마와 아기는 서로의 존재에 반응하고 서로의 말을 해독하며 서로 알아갈 필요가 있다. … 이것은 우리가 인생에서 처음으로 사랑하는 사람과 맺는 관계이다. 이 관계는 나중에 맺게 될 다른 인간관계의 청사진이 될 것이다.
메리 서턴, 아동 심리 치료사

유아기의 상호 반응은 중요하다. 아이들은 이 시기부터 웃는다. 심지어는 아플 때에도 웃는다. 아기가 웃으면 부모는 본능적으로 따라 웃기 때문이다. … 안아주고, 웃어주고, 친밀한 행동을 보여주는 것만으로 어린 시절을 보내기 위한 준비는 충분하다.
휴 풋, 아동 심리 및 사회성 발달 전공 교수

유아기 때 부모와 관계가 깨지고, 불신으로 얼룩지고, 원치 않는 이별을 겪게 되면 딸은 영혼과 정체성 깊은 곳까지 상처 입고 황폐해진다.
자넬 홀먼, 심리 치료사

CHAPTER 02

딸은 부모와의 애착 관계에서 안정을 찾는다

세상은 나를 좋아할까? 이 세상에서 나의 자리는 어디일까? 나는 지금 여기 있어도 좋은 것일까? 모든 아이들은 한 번쯤 스스로에게 이러한 질문을 던진다. 특히 딸들은 자신이 사랑스러운 존재인지, 또 환영받는 존재인지를 알고 싶어 한다. 물론 부모는 반드시 그렇다고 말해줘야 한다. 이는 사랑을 받으면서 세상에서 맡은 역할을 다하는 존재로 자리 잡기 위해 누구에게나 필요한 심리학적 법칙이다. 딸은 유아기 때 부모와 맺는 상호 관계를 통해 부모와 연결되어 있다는 느낌을 받고 심리적으로 편안해진다. 그리고 내면 깊숙한 곳의 감정 기록 장치에 자신은 소중하고 가치 있는 존재라는 정보를 주게 된다. 보통 아기들은 태아일 때부터 엄마의 규칙적인 심장 박동을 들으며 안락함을 느낀다. 심지어 일부 과학자들은 아빠의 심장 박동 소리까지 들을 수 있다고 주장한다.

  아기는 초기에 자신을 양육하는 사람과 유대, 애착 관계를 맺으면서 자신의 존재를 인식하고 느끼기 시작한다. 태내에서 엄마와 자신의 심장 소리를 들으며 자라는 아홉 달 동안 엄마의 목소리는 점점 친숙해지고 안정감을 느끼게 해준다. 인간은 다른 동물과 달리 본능적으로 타고나는 능력이 거의 없다. 심지어 다른 포유류는 태어나자마자 엄마를 찾아가고 스스로 먹이를 먹을 수 있다. 하지만 갓난아기는 그 어느 것도 혼자 할 수 없다.

아기가 부모에게 필요로 하는 것을 고려해볼 때 이러한 신체적 요구는 빙산의 일각에 지나지 않는다. 갓 태어난 딸을 안고 쓰다듬고 말을 걸어주면 두뇌의 신경 세포가 활성화되어 감정적인 기억이 형성된다. 건강한 엄마들은 갓난아기인 자녀들에게 사랑을 쏟으며 교감한다. 엄마가 갓 태어난 딸을 부드럽게 쓰다듬어주면 딸은 자신이 환영받고 있다고 느낀다. 이는 멋진 경험이고 자신이 '존재하고 있다'는 사실을 제대로 느끼게 해준다.

자녀에게 즉각 반응하는 부모들은 갓난아기인 자녀가 보내는 신호를 배워가며 마음을 읽고 행복감을 느낄 수 있게 한다. 이것은 딸이 심리적으로 안정될 수 있게 도와주는 기초 작업이다. 딸들은 부모를 기쁘게 해주려는 경향이 강하다. 그래서 바르게 행동하는 것을 배워 주위 사람들을 기쁘게 해주려 노력한다.

딸과 부모 사이에 올바른 연결고리를 만들어라

갓난아기의 뇌는 발달 과정이 진행 중이다. 아기의 두뇌에서 세포가 활성화되면 서로 연결되어 신경망을 이룬다. 이 발달을 가장 확실하게 돕는 것은 부모와 주고받는 다정한 상호 관계다. 아기의 두뇌는 태어난 후 3분의 2가 성장한다. 이 일이 순조로우려면 적절한 자극이 필요하다. 부모가 적정 시기에 알맞은 경험을 제공하면 아이의 두뇌에서 필요한 부분이 발달되어 신경망으로 바르게 연결된다. 다행히도 부모가 아이들과 함께 놀아주고 이야기해주고 노래를 불러주는 등 가정에서 늘 있는 평범한 일을 통해 충분히 자극을 줄 수 있다. 딸은 이러한 경험을 통해 차분하고 예측 가능한 일상을 살아가게 된다.

아기의 두뇌는 주변 환경의 감정적인 분위기에 특히 민감하다. 딸에게 젖을 먹이거나 기저귀를 갈 때 계속 말을 걸어보자. 엄마가 어디에 갔는지, 무엇을 했는지와 같은 일상적인 이야기를 들려주면 딸은 심리적으로 안정되면서 마음이 편안해질 것이다.

지난 10여 년 동안 뇌 과학 분야에서 놀라운 발견이 이루어졌다. 그중 한 가지는 유아의 두뇌에서는 1초마다 1100만 개의 뉴런이 서로 연결되어 새로운 신경망을 이룬다는 사실이다. 아이의 두뇌에서 뉴런이 거미줄처럼 연결되는 세계는 무수한 별이 모인 거대한 은하계와 같다. 부모는 자녀들과 이 신비로운 세계를 함께 만들어가는 공동 창업자다. 두뇌 발달을 방해하는 것으로 알려진 스트레스 호르몬은 아이를 쓰다듬어

줄 때 줄어든다. 심지어 아이가 생후 1년 동안 성장하기 위해 체내에서 DNA를 복제하는 과정에도 양육자가 기울이는 세심한 관심이 영향을 끼치는 것으로 드러났다.

이와 같이 신경 세포가 연결되는 현상은 이후에 펼쳐질 인생에서 아주 중요한 역할을 한다. 얼마나 만족한 삶을 사는지, 건강한 관계를 맺을 수 있는지, 윤리적으로 바른 결정을 내릴 수 있는지가 이에 따라 결정된다. 하지만 여전히 많은 부모들이 아기들은 잘 먹이고 따뜻하게 해주고 기저귀만 갈아주면 된다는 생각을 갖고 있어 안타까울 따름이다. 어린 딸과 함께 있을 때 따뜻하게 말을 걸어주는 것이 얼마나 중요한지 미처 알지 못한다. 딸이 스스로의 존재에 대해 만족하고, 논리적으로 생각하고, 낙관적인 시각을 갖출 수 있는지가 좌우되는 데도 말이다.

딸이 태어나 몇 년이 지나기까지 심리적으로 가장 중요한 주제는 '양육자와 맺는 관계가 신뢰냐 포기냐'이다. 말을 배우기 전인 유아기 때 거부당하고, 유기당하고, 안전하지 못하다고 느낀 경험을 기억에 저장하게 되면 이후의 삶에 지속적으로 영향을 끼친다. 만일 갓 태어난 딸의 욕구나 아이가 보내는 신호에 대해 신속하게 반응하고 일관된 자세로 다정하게 대해주면 아이는 세상이 의지할만하고 예측 가능하다고 믿게 된다. 엄마와 딸이 감정적으로든 신체적으로든 서로의 관계를 기쁘게 받아들이며 즐기게 되면 둘 사이에 신뢰가 생겨나고 애착이 점점 강해진다.

> 딸에게 사랑스럽다고 말해주자. 그렇지 않으면 딸아이는 자신의 능력을 증명하기 위해 애쓰는 데에 남은 인생을 다 써버릴 수 있다.
> - 존, 아그네스 스튜어트 박사, 《사랑을 위해 창조되다》

오타고대학교의 필 실바(Phil Silva) 박사는 갓 태어난 아기들을 21년 동안 추적, 관찰한 끝에 다음과 같은 결론을 내렸다. 요즘 부모들 사이에 유행하는 유아 용품이나 교육 도구 혹은 부유함 같은 것은 아기의 성장과 발전에 그다지 중요하지 않다. 오히려 좋은 부모라면 아이를 양육하며 겪는 가난이나 역경을 충분히 극복할 수 있다고 했다. 자녀를 멋진 아들과 딸로 성장시키기 위해 부모가 제공해야 할 세 가지 기본 요소는 '따뜻한 사랑, 일관성 있는 교육, 풍부한 체험'이다.

이 세 가지 요소는 반드시 돈이 있어야만 가능한 것은 아니다. 모두 단란한 가정의 단순한 일상 속에서 얻을 수 있다. 매일매일 딸을 안아주고 함께 노래하고 춤춰보자. 집안을 다니며 엄마가 하고 있는 일에 대해 이야기해주자. 따뜻하고 뽀송뽀송한 이불을 만져보게 하고, 마당에 떨어진 낙엽과 해변의 모래를 밟아보게 하자. 풍부한 어린 시절의 체험을 만들기 위해 유모차를 타고 외출하거나 동물원 같은 곳에 가도 좋다. 무엇보다 안아주고 쓰다듬어주는 것만으로 아이의 감정을 훨씬 풍요롭게 할 수 있다는 사실을 기억해야 한다.

딸 잘 키우는 tip

- ♡ 갓난아기가 부모나 가족들과 지내며 그들이 주는 위로와 편안함 속에서 일상을 보내는 일은 중요하다. 가족들이 웃으며 대화를 나누고, 노래하며 춤추고, 특히 서로의 얼굴을 들여다보며 어루만지는 따뜻한 분위기를 만들자.
- ♡ 아이를 양육하는 엄마에게 많은 도움을 줘야 한다. 엄마의 행복은 아기가 자신의 존재를 얼마나 가치 있게 느끼는지에 고스란히 반영된다.

딸과 즐겁게 지내라

직장이나 전문적인 업무 경력을 쌓는 데 자녀 양육이 방해가 된다고 생각하지 말자. 양육은 아주 특별한 시간이다. 부모는 양육을 통해 딸이 스스로에 대한 정체성을 형성할 수 있도록 도와주는 동시에, 부모 자신이 성장하는 계기로 삼을 수 있기 때문이다. 유아기 딸을 둔 부모는 딸과 인생에서 그 어느 때보다 단순한 일상을 반복한다. 하지만 그 가운데에서도 우정을 쌓으며 창조적이고 활기찬 활동을 할 수 있다. 다시 말해, 무의미하게 낭비되는 것처럼 보이는 시간을 통해 부모는 딸과 함께 성장한다.

갓 태어난 딸은 엄마의 얼굴에 퍼지는 미소를 보며 세상은 즐거운 곳이라 확신하게 된다. 사실 세상의 모든 아기들은 자신을 엄마와 분리된 존재로 보지 않는다. 하지만 2살 정도가 되어 활발하게 움직이며 세상에 대한 왕성한 호기심을 드러낼 때쯤이면 엄마로부터 분리된 자신을 인식하기 시작한다. 이때부터 엄마가 하는 말에 "싫어!"라고 대답하고, '나, 내 것, 내가 할 거야'와 같은 말도 하기 시작한다. 이는 지극히 자연스럽고 건강한 현상이다. 또, 이 시기의 딸은 자신이 어떤 존재이고 또 얼마나 소중한가에 대해 엄마에게 듣고 싶어 한다.

부모가 딸의 인생이 시작되는 첫 3년 동안 일을 쉬고 양육에 전념하는 일은 충분히 가치 있는 희생이다. 딸에게 심리적인 안정을 주며 보호하기에 이 시기처럼 중요한 때도 없다. 부모는 이 시기를 딸과 보내면서 아이에 대해 진정으로 알게 되고 강한 애착 관계를 형성하게 된다.

사람은 누구나 태어나서부터 죽을 때까지의 인생이 소소한 여행 같은 에피소드로 채워질 때 가장 행복하다. 그리고 그 여행은 길든 짧든 간에 우리가 사랑하는 사람들이 만들어준 안정감 있는 토대에서 비롯되어야 한다.
– 존 볼비, 정신과 의사, 애착 이론 창시자

아이가 태어나고 첫 3년은 두뇌 발달뿐만 아니라 부모 자식 간의 유대 및 애착 관계를 형성하는 데 큰 역할을 한다는 사실을 많은 연구가 뒷받침해주고 있다. 그러나 요즘은 워킹맘들에게 아이를 낳고 바로 직장으로 돌아가기를 강요한다. 갓 태어난 딸을 2~3년 정도 전적으로 돌보며 양육할 수 있다면 십대인 딸에게 똑같이 해주는 것보다 딸의 행복을 위해 훨씬 더 효과적이다. 하지만 우리 사회는 '가정을 지키며 자녀를 양육하는 엄마'가 아이들에게는 물론이고 대외적으로도 얼마나 소중한지 잊어버린 듯하다.

아동 전문가들도 이와 관련해서 의견의 일치를 보인다. 자신감 넘치며 다정하고 행복한 아이로 기르는 비결은 부모 자식 간의 강한 유대 관계에 있다고 한다. 그리고 생후 처음 몇 달이나 몇 년 동안에 이러한 관계를 맺기 위한 기반을 닦는 게 좋다. 이 시기는 소위 말해 '민감한 유효성'을 띠고 있다. 마이클 거리언은 저서 《남자아이의 뇌, 여자아이의 뇌(Boys and

Girls Learn Differently》에서 "아이의 두뇌가 충분히 발달해 정상적으로 학습할 수 있기 위해서는 유대와 애착 관계가 잘 형성되어야 한다. 애착이 제대로 형성되지 못한 아이는 행동, 심리, 지적 능력과 같은 모든 면에서 발달이 더디게 된다."라고 주장했다.

어쩔 수 없이 아직 3살이 되지 않은 딸을 어린이집이나 아이돌보미에게 맡겨야 한다면, 최대한 양육에 많이 참여할 수 있는 방법을 택하자. 그리고 장소 이동과 같은 양육 환경 변화를 최소한으로 하자. 갓난아기들은 이동이나 환경 변화에 쉽게 불안해지기 때문이다. 가능하면 아이돌보미가 집으로 찾아와 돌보는 방법이 좋다. 특히 다정한 할머니나 다른 가족이 돌봐주는 게 어린이집에 맡기는 것보다 훨씬 좋다. 아기들은 소수의 어른들과 관계 맺고 자신들을 일관되게 양육해줄 친근한 한 사람이 필요하다.

딸 잘 키우는 tip

여건이 된다면 갓난아기를 오랫동안 다른 사람에게 맡겨두고 종일 근무하는 직장으로 돌아가지 않는다. 아마도 아이를 양육하는 몇 년 동안은 자신의 커리어에 대한 열망을 내려놔야 할 수도 있다. 아이를 위해서이기도 하지만 부모 자신에게 가해지는 압박을 덜기 위해서이기도 하다.

부모는 자신감을 가져야 한다

아이들은 부모의 자신감으로부터 안정을 얻는다. 아이가 자신을 둘러싼 세상을 받아들이는 데 규칙적인 일상과 자신감 있는 부모만큼 막대한 영향을 끼치는 것도 없다. 딸은 자기 주변에서 어떤 일이 일어나는지와 그 일을 책임져줄 부모가 있다는 것을 알 때 안정감을 느낀다. 유아가 무의식적으로 '아무도 책임져주지 않아. 내가 알아서 해야 해.'라고 생각한다면 분명히 다음과 같은 의문도 품게 될 것이다.

'만일 나한테 문제가 생기면 어쩌지? 내 주위 어른들 중 누구도 어떻게 해야 할지 모르는 것 같아.'

딸 잘 키우는 tip

♡ 아이를 양육하는 동안 부모로서 성숙할 수 있는 방법을 찾아보고 그 일을 위해 도움을 받을 수 있는 네트워크에 참여한다.

♡ 아이를 텔레비전에게 맡기고 싶은 유혹을 피한다. 아이와 부모가 함께하는 일정을 넣어 일주일 계획을 세워보자. 친구와 유모차를 끌고 공원이나 아파트 주변을 산책하고, 여건이 된다면 엄마들 모임 혹은 독서 클럽이나 운동 클럽 같은 동호회에도 가입해보자. 즐거운 마음으로 기다리는 시간이 정기적으로 찾아오는 일주일이 완성될 것이다.

♡ 하루에 몇 분 정도는 아이와 놀아준다. 딸이 아주 어리다면 까꿍 놀이를 하고, 조금 자라면 걷거나 손발 움직이는 동작 같은 것을 가르쳐주자. 아이와 무언가를 만드는 것도 좋다. 중요한 것은 기쁘고 즐거운 경험을 함께하는 것이다.

♡ 아이를 자주 안아주고 쓰다듬어준다. 말을 걸 때는 풍부한 표정을 지어 보인다. 몸짓을 하며 노래를 불러주고 재치 있는 말장난을 해보자. 자장가를 불러주며 아이를 재우는 것도 잊지 않는다.

영·유아기 딸을 위해 부모가 해야 할 일은…

- 부모 자식 간에 안정된 유대와 애착 관계를 형성한다. 엄마로서의 본능을 믿고 아이 양육을 즐긴다.
- 많은 자극을 준다. 노래를 불러주고, 말을 걸고, 놀아준다.
- 차분하고 예측 가능한 환경을 만들어준다.
- 언제든 돌아갈 수 있는 안전한 피난처가 되어준다.
- 아이 주변에서 일어나는 일을 자신감 있게 책임질 줄 안다.

비 오는 날 집안에서 노는 아이들을 관찰해보자. 아들들은 온 집안을 뛰어다니며 뒤엉켜 논다. 하지만 딸들은 조용히 방에서 소꿉장난이나 인형 놀이를 한다. … 중요한 것은 관계를 중시하는 놀이를 한다는 점이다.
존 엘드리지, 《와일드 하트》

딸은 아들보다 더 잘 느끼고, 듣고, 냄새 맡는다. 소녀들의 내면세계는 소년들의 내면세계보다 더 많은 감각과 접근성으로 채워진다.
마이클 거리언, 《여자아이 심리백과》

CHAPTER 03

딸의 본성을 이해하면 양육의 반은 끝난다

여자아이들은 본질적으로 관계 맺고 서로 연결되어 있는 상태를 좋아한다. 따라서 딸아이를 둔 부모라면 자신의 딸이 선천적으로 다른 사람들과 관계 맺으려는 성향을 가졌음을 알아챌 수 있다.

　여자아이들은 뼛속까지 관계 지향적이다. 어린 시절 애착 관계 형성에서 크게 좌절하거나 트라우마를 입지 않았다면 여자아이들은 일찍부터 이러한 성향을 보인다. 부모는 어린 딸이 보여주는 감정 표현 능력에 깜짝 놀란다. 어린이집에서 돌아올 때 딸은 기뻐하며 부모의 품에 안기고, 최근에 사귄 새로운 친구에 대해 재잘재잘 이야기한다. 가끔 치마만 입으려 한다거나 비도 오지 않는데 장화를 신겠다고 고집 부리기도 하지만, 늘 부모에게 인정받으며 연결되고 싶어 한다. 그리고 부모가 "예쁜 우리 딸, 네가 있어서 엄마는 너무 기뻐."라고 몇 번이나 반복해서 말해주기를 바란다.

　여자아이들에게는 남자아이들과는 다른 본질적 특성이 있다. 따라서 여자아이들이 여성성을 보이기 시작하면 당연히 축하해줘야 한다. 그리고 딸을 키우는 기쁨을 최대한 누리고 즐겨야 한다. 딸을 키우는 게 인생의 큰 낙이라 생각된다면 아이의 순수한 욕구를 어떻게 만족시켜줘야 하는지부터 공부하자. 아이가 필요할 때 곁에서 든든하게 책임져줄 진정한 어른이 되려면 어떻게 해야 하는지도 당연히 배워야 한다.

딸이 방으로 들어설 때 반가운 눈빛으로 맞아주는 부모는 인정과 애정을 갈망하는 아이의 깊은 내면적 욕구를 잘 만족시켜주고 있는 것이다. 딸이 정원에서 방금 꺾은 꽃을 부모에게 주려고 부엌으로 들어오고 있다고 하자(혹은 덜 익은 토마토를 따왔을 수도 있다). 좋은 부모는 딸이 묻혀온 정원의 흙과 너무 일찍 따버려 못 먹게 된 토마토에 대해서는 눈감아줄 것이다. 대신 딸이 진정으로 엄마와 연결되고 싶어 하는 욕구와 사랑을 발견하고 기뻐할 것이다. 부모가 딸의 행동을 인정하고 고마워하면 딸의 마음속에는 좋은 어른으로 자라는 데에 필요한 기반이 뿌리내리게 된다.

남자아이들이 하는 모든 활동을 여자아이들도 할 수 있고, 또 해야 된다는 생각에 반대하지는 않는다. 하지만 수많은 연구가 증명한 바에 따르면, 여자아이들만의 고유한 특성이 존재한다는 것도 엄연한 사실이다. 이 특성은 양육 환경이나 사회적인 분위기 때문에 후천적으로 생겨난 게 아니라 생물학적으로 타고난 것이다. 인형의 집에 들어가서 노는 유아들은 대부분 여자아이들이다. 그래서 장난감 회사는 인형의 집 안에 찻잔 세트가 있는 선반을 달아놓거나 공주 의상을 가져다

놓는다. 많은 여자아이들은 자신의 방을 신데렐라, 백설공주 같은 동화 속 공주의 침실처럼 꾸미고 싶어 한다.

딸은 선천적으로 다른 사람들과 친밀해지고 연결되려 한다. 이 특성 때문에 딸에게 우정은 기쁨이자 든든한 지지대가 되지만, 때로는 고통의 원천이 되기도 한다. 모든 문화권에서 여자아이들은 인형을 가지고 놀며 양육하려는 욕구를 보인다. 대부분의 남자아이들이 레슬링을 하며 노는 것과 비슷한 현상이다. 부모가 여자아이들의 이러한 성향을 인정하는 일은 딸에게 자신이 원하는 것은 무엇이든 될 자유를 허락하는 것과 같다. 성 정체성이 바르게 확립된 아이들은 혼란스러운 상황에서도 열등감을 느끼지 않고 기분 좋게 해결하는 능력이 뛰어나다. 그리고 그렇지 못한 아이들보다 자존감도 높다.

여자아이의 모든 신체 세포는 남자아이와 다르다. 다른 경로를 따라 발달하기 때문이다. 《매혹(Captivating)》의 저자인 존, 스테이시 엘드리지(John, Stasi Eldredge)는 "남자아이들이 전쟁놀이를 하며 서로 죽이는 시늉을 할 때 여자아이들은 협상을 벌이며 관계를 맺는다. 여성은 원래 다른 사람들의 호감을 사고 싶어 하는 존재다."라고 했다.

여자아이가 사춘기에 접어들면 호르몬의 영향을 많이 받아 미묘하고 비밀스러운 변화가 일어난다. 한 심리학자는 이 시대의 부모는 양육의 암흑기를 벗어나는 중이라고 주장했다. 그에 따르면, 지난 암흑기 동안 성에 대한 연구는 사회적인 조건을 중시하는 쪽으로 치우쳐 있었다. 하지만 최근의 새로운 연구는 사회적 조건만을 지지하지 않는다. 대신 생물학적 조건이 남성과 여성의 차이에 중요한 역할을 하는 것으로 보고 있다.

10여 년 전부터 의료 기술이 발달하면서 과학자들은 여자아이의 뇌가 가진 비밀을 속속 밝혀내고 있다. 마이클 거리언은 《여자아이 심리백과》에서 여성의 뇌는 남성의 뇌보다 더 빨리 우뇌에서 좌뇌로 발달한다고 했다. 그 결과 여자아이들은 남자아이들보다 감정을 훨씬 더 섬세하게 느낀다. 거리언은 다음과 같은 주장도 했다.

"언어 능력을 관장하는 좌뇌는 여자아이들이 남자아이들보다 더 빨리 발달한다. … 여성의 뇌는 남성의 뇌보다 더 많은 세로토닌을 분비하도록 되어 있다. … 세로토닌 분비는 충동 조절과 직접적인 관련이 있다. … 1~3살까지의 여자아이들은 또래의 남자아이들보다 신체 움직임이 조용하다. … 여자의 뇌는 남자의 뇌보다 더 많은 옥시토신을 분비한다. 이 호르몬은 아이가 다른 양육 대상과 노는 것과 관련 있다. 여자아이들은 나이가 많든 적든 인형이나 양육 대상과 노는 것을 남자아이들에 비해 훨씬 더 좋아한다."

또 다른 많은 연구에 따르면, 여자아이와 남자아이는 뇌와 망막의 연결이 다른 양상을 보인다. 이 때문에 여자아이들은 그림을 그릴 때 빨강, 주황, 초록, 상아색을 주로 쓰고, 남자아이들은 검정, 파랑, 회색, 은색을 주로 쓴다. 이 현상의 가장 큰 원인은 망막의 두께 차이가 유발하는 생리적인 차이에 있다. 망막의 두께 차이는 그것을 이루는 P세포와 M세포의 수가 다르기 때문에 생기는 것이고, 이에 따라 망막이 뇌에 연결되는 방식도 달라진다. 레너드 색스(Leonard Sax) 박사는 저서 《남자아이 여자아이(Why Gender Matters)》에서 "이 연구를 이해하면 왜 성별에 따라 장난감 선호도가 달라지는지 깨닫게 된다. 만약 당신이 신체 구조상 P세포가 더 많다면(여성의 경우 이에 해당된다), 움직이는 트럭보다 질감이 풍부한 인형에 더 큰 매력을 느낄 것이다."라고 언급했다.

여자아이들은 그림을 그릴 때 명사를 주로 표현하려 하는 데 비해, 남자아이들은 동사를 표현하려 한다. 예를 들어, 여자아이들은 가족이나 주변 사람들을 그리려 하는 반면, 남자아이들은 로봇이나 기계를 그리려 한다. 갓난아기의 경우에도 여자 아기들은 선천적으로 사람의 얼굴이나 관계에 대해 관심을 보이는 반면에, 남자 아기들은 움직이는 물체에 더 관심을 보인다. 여자 아기들은 남자 아기들보다 더 빨리 사람의 얼굴과 목소리에 강력한 반응을 보이고 미소도 더 빨리 짓는다.

　　케임브리지대학교의 한 연구에서 100명이 넘는 아기들이 다양한 자극에 반응을 보이는 것을 비디오로 녹화한 다음 눈동자의 움직임을 분석했다. 그 결과 여자 아기들은 젊은 여자의 얼굴에 더 큰 관심을 보였고, 남자 아기들은 모빌에 2배 이상이나 더 큰 관심을 보였다. 뒤따른 다른 연구에서 연구자들은 사회적 관심에 대한 성별의 차이는 부분적으로는 생물학적 차이에서 오는 것이라는 결론을 내렸다.

　　여자아이들과 남자아이들은 다르게 보고 다르게 듣는다. 여자아이들은 더 자세한 것까지 보고 더 잘 듣는다. 특히 청력과 관련된 사실은 흥미롭다. 여자아이들은 남자아이들보다 청력이 훨씬 예민하기 때문에 가끔 아빠나 남선생님들이 너무 크게 이야기한다고 생각한다. 일반적으로 언어 구사력도 여자아이들이 뛰어나고, 감정 표현이나 다른 사람을 배려하고 공감하는 능력도 남자아이들보다 더 발달한다.

딸의 심리는 복잡하다

여자아이의 내면에서는 외부로 드러나지 않는 많은 일이 일어난다. 여자아이는 남자아이보다 분노를 덜 드러내지만, 더 많은 두려움, 좌절, 당황스러움을 느낀다. 따라서 현명한 부모라면 이와 같은 딸의 마음을 잘 알아줘야 한다. 딸의 이야기를 귀 기울여 들어주고 감정적으로 지지해줌으로써 아이가 스트레스받는 상황을 건강하게 헤쳐 나갈 수 있도록 도와줄 수 있다. 부정적인 상황을 지혜롭게 해석할 줄 아는 어른은 딸에게 통찰력을 키워준다. 그리고 딸이 자신에게 일어난 일을 개인적으로 받아들여 자신의 가치를 쉽게 판단해버리지 않게 하는 능력을 키워줄 수 있다.

부모는 항상 변함없이 딸을 사랑하고 있다는 사실을 당사자인 딸이 확실히 알게 해야 한다. 이러한 메시지를 수시로 비밀스럽게 전달할 수 있는 가족 암호를 만드는 것도 좋다. 예를 들어, 딸의 손을 잡고 걸을 때 다섯 번 정도 손을 꼭 쥐면서 다음과 같이 말해보자.

"이건 말이야. '넌 엄마(아빠)를 사랑하니?'라고 묻는 우리 둘만의 암호야. '네'라고 대답하고 싶으면 엄마 손을 꼭 한 번 쥐어봐."

딸이 손을 한 번 쥐면 다시 딸의 손을 두 번 정도 꼭 쥐며 이렇게 말한다.

"이건 '얼마만큼?' 하고 묻는 표시야. 하늘만큼 땅만큼이라 말하고 싶으면 다시 한 번 엄마 손을 꼭 잡아봐."

딸이 다시 손을 꼭 쥐면 사랑을 확인하면서 둘만의 대화를 마무리할 수 있다. 부모는 딸과 언제, 어디서든 이러한 대화를 즐길 수 있다. 이처럼 유아기 때 든든한 애착 관계를 맺어두면, 나중에 딸이 사춘기에 접어들어 반항하며 친구들의 태도에 지나치게 민감해지더라도 부모 자식 간의 친밀함이 깨지지 않도록 도움을 받을 수 있다.

딸 잘 키우는 tip

딸에 대한 사랑을 알려주기 위한 가족만의 암호를 만든다. 이 암호는 윙크를 하며 눈을 깜박이는 것일 수도 있고, 잠자리에 들기 전 늘 거치는 일상이 될 수도 있다. 예를 들어, 매일 밤 비행기를 태우듯이 아이를 침대로 안고 가도 좋고, 딸을 향한 사랑이 가득 담긴 내용의 노래를 불러줘도 좋다.

딸에게는 대화와 유대 관계가 중요하다

딸과 강력한 유대 관계를 맺어야 한다. 이는 딸이 자라면서 많은 도움이 될 것이다. 딸에게 이야기를 들려주고 책을 읽어준다. 그리고 딸이 부모에게도 책을 읽어주게 한다.

부모의 하루 일정 속에 딸에게만 집중할 시간을 포함시킨다. 잠자리에 들기 전 딸의 침대 머리맡에서 보내는 5분도 좋고, 딸이 학교에서 집으로 돌아왔을 때 따뜻한 코코아를 한 잔 마시는 시간도 좋다. 딸에게 하루 중 가장 즐거웠던 일과 가장 나빴던 일이 무엇인지 물어본다. 딸의 이야기를 끝까지 잘 들어주고 어른다운 지혜를 담아 조언해주자. 딸은 부모의 다정하고 어른스러운 통찰력을 통해 자신의 하루를 재해석할 수 있을 것이다. 아이들은 훌륭한 관찰자이지만 해석에는 약한 존재다.

딸은 다른 사람들과 좋은 관계를 유지하려는 열망이 크기 때문에 다른 사람들이 하는 말에 상처받기 쉽다. 그래서 때로는 부모가 어른스러운 시각으로 상황을 재해석해주기를 바란다. 가령, 친구에게 심한 말을 듣고 풀이 죽어 있는 딸에게 "그 애의 말은 진심이 아니란다." 혹은 " 그건 ○○가 기분 나빠서 별 뜻 없이 내뱉은 말이야. 네가 진짜로 못된 애라고 생각해서 그런 건 아니야."라고 말해줄 수 있다.

좀 더 친밀한 대화를 위해 기분 좋은 한턱을 낼 수도 있다. 잠자리에 들려는 딸에게 "자, 지금부터 10까지 세기 전에 침대로 가면 불을 다 끄고 2분 동안 비밀 대화를 나눌 거야."라고 제안해본다. 딸은 설레는 마음으로 침대로 달려갈 것이다. 또, 가끔은 아이들을 잠옷차림 그대로 데리고 나가 아이스크림이나 과자를 사주는 아빠가 되자. 엄마는 모르는 '비밀 간식' 시간을 가져보는 것도 좋다.

딸이 부모와 맺는 친밀하고 건강한 유대 관계는 이후 딸이 필요로 하는 중요한 사회적 관계의 기초가 된다. 조앤 딕(JoAnn Deak) 박사는 《여자아이들은 원래 그런 법이다(Girls Will Be Girls)》라는 책에서 가족, 집중, 즐거움이 있어야 기쁘고 충만한 삶을 살 수 있다고 했다. 강한 결속력으로 묶인 가정이 기회가 있을 때마다 다른 가정과 교류하게 되면 딸은 가정 밖에서도 흥미로움과 기쁨을 느낄 수 있다. 이는 딸이 필요로 하는 확고한 유대 관계와 공동체를 위한 기초를 닦아준다.

딸 잘 키우는 tip

딸을 위해 깜짝 파티와 축하 행사를 자주 마련해주자. 아이들은 사소한 것에 쉽게 감동하고 기뻐한다. 딸의 생일날 가족 모두가 모여 딸의 가장 사랑스러운 점에 대해 이야기하는 것도 좋은 방법이다.

딸에게 위험을 극복할 수 있는 지혜를 가르쳐라

부모는 딸이 지혜롭게 위험을 감수할 수 있도록 가르쳐야 한다. 보통 아들이 운동하다 다치면 부모는 의사에게 아들이 운동을 다시 할 수 있는지 묻는다. 하지만 딸이 다치면 운동을 그만둬야 하는 것은 아닌지 묻는다. 딸에게도 운동은 중요하다. 운동을 계속하면 신체 조절 능력을 키우고 아름다움과 건강을 유지하는 데 도움이 될 뿐만 아니라 운동을 함께하는 친구들과 우정을 유지할 수도 있다. 하지만 안타깝게도 여자아이들은 자신이 잘 하지 못하거나 같이할 친한 친구가 없으면 운동을 쉽게 포기한다. 딸이 운동을 하도록 격려하기 위해 다음과 같은 가족 규칙을 정할 수 있다.

'우리 집 아이들은 운동을 한 가지씩 해야 한다. 특히 여름이나 겨울에는 계절 운동을 해야 한다. 단, 어떤 운동을 할지는 각자 자유롭게 선택할 수 있다.'

딸은 꾸준히 운동을 하면서 나이에 적절한 수준으로 자기 몸을 통제하고 조절하는 법을 배우게 될 것이다.

운동에 잠재된 위험은 지혜롭게 감수해야 한다. 즉, 일이 잘못되어도 무리하지 않고 회복할 수 있는 수준까지만 도전해야 한다. 우선 할 수 있는 범위 안에서만 숙달되도록 해야 한다. 딸이 다른 형제들보다 조심성이 많은 성격이라면 자신감이 붙을 때까지 놀이터에서 작은 미끄럼틀을 타게 한다. 바다에서 파도가 약한 곳으로 데려가 수영을 가르쳐줄 수도 있다. 딸이니까 무서워한다고 무조건 피하게 하는 것은 옳지 않다.

딸은 기본적으로 안전한 느낌을 받고 싶어 한다. 딸에게 두려움을 느끼지 않게 하면서 어떤 것이 왜 안전한지 그리고 안전을 지키려면 어떻게 해야 하는지 가르쳐주도록 한다.

딸의 호르몬을 공부하라

여자아이의 호르몬과 두뇌나 감정 발달의 상호 작용에 대한 점점 더 많은 연구가 밝혀지고 있다. 더불어 여자아이의 신체가 지닌 생리학적인 복잡함과 경이로움도 하나씩 드러나고 있다. 마이클 거리언은 《여자아이 심리백과》에서 "호르몬은 여성성, 성공, 행복, 자존감, 삶의 질에서 중요성을 점점 더 인정받고 있다. 그만큼 호르몬의 힘은 강력하다."라고 했다. 과학적인 측면에서 알기 쉽게 표현하자면 호르몬은 '대장 분자'다. 호르몬이 두뇌와 신체 각 부분에 명령을 내리면 그에 따라 척척 움직이기 때문이다. 호르몬은 한순간의 신체 변화에만 필요한 요소가 아니라 우리 몸이 매순간 필요로 하는 것이다. 즉, 아이에서 여성으로 성장하기 위해서만 필요한 것이 아니라 여성으로 살아가기 위해 딸에게 늘 필요한 것이다.

가끔 우울해지고 감정적이 되는 것은 여자아이들의 호르몬 주기상 흔히 있는 일이다. 딸이 이 주기를 알고 지혜롭게 대처할 수 있으려면, 자신의 몸에 대해 필요한 지식을 갖추고 제대로 이해할 수 있도록 부모가 도와줘야 한다. 여자아이가

9~10살 정도가 되면 호르몬이 본격적으로 몸에 영향을 끼치기 시작하므로 이때부터 부모의 관심과 조언이 필요하다.

사춘기를 겪는 딸에게 식단은 정말 중요하다. 건강한 식습관을 세워가는 것뿐만 아니라 단백질과 비타민을 충분히 섭취해 성장기의 신체적 변화를 감당할 수 있게 해야 한다. 하지만 안타깝게도 많은 여자아이들이 이 시기에 다이어트를 시작하고 불량 식품으로 끼니를 때우려 드는 게 현실이다. 호르몬 분석 분야에서 훈련받은 많은 심리학자들은 이러한 여자아이들에게 호르몬의 특성에 대해 가르쳐주고 식습관을 바꾸도록 유도하는 일을 하고 있다. 사춘기의 전형적인 문제를 겪으며 우울해하는 딸을 학습 및 사회적인 면에서 성공한 여성으로 키우고 싶은 부모라면 이들의 도움을 받는 것도 좋다.

많은 연구자들이 자존감은 능력이나 자신감뿐만 아니라 호르몬 주기와도 관련 있다는 데 의견의 일치를 보이고 있다. 여자아이들이 자신의 기질과 몸을 얼마나 잘 이해하고 있고, 또 호르몬 주기에 맞춰 사는 법을 얼마나 잘 알고 있는가에 따라 역경에 대한 회복력도 크게 달라진다.

《여성의 뇌(Female Brain)》의 저자이자 신경 심리 치료 전문의인 루안 브리젠딘(Louann Brizendine)은 여성들은 남성 뇌와 다른 여성 뇌의 특성을 무시당할 때 고통스러워한다고 주장했다. 그녀는 "많은 여성 환자들이 의사나 정신과 전문의에게 호르몬이 감정에 얼마나 큰 영향을 끼치는지 설명하지만 무시당하고 만다."라고 말했다. 신경 촬영술과 신경 내분비학의 발달로 브리젠딘은 여성이 남성과 얼마나 다른 방식으로 뇌를 사용하는지 밝혀낼 수 있었다. 예를 들어, 에스트로겐, 코르티솔, 도파민 분비량이 다르기 때문에 감정적인 갈등이 생기면 여성은 남성보다 훨씬 더 많은 스트레스를 받는다. 또, 여성들은 미납된 영수증이 생기면 몇 가지 호르몬이 폭포수처럼 분비되기 시작하고 곧 큰일이라도 겪게 될 것 같은 불안에 떨게 된다.

여성들은 감정과 기억에 관련된 뇌의 영역에 남성보다 11%나 많은 뉴런을 가지고 있다고 한다. 그 이유는 다른 사람의 감정을 관찰하는 데 뛰어난 역할을 하는 '거울 뉴런'이 더 많기 때문이다. 이러한 기질적 특성은 여자아이들에게 힘이 되기도 한다. 하지만 오늘날처럼 기술 중심의 미디어 포화 상태인 사회에서는 여자아이들만의 호르몬 특성과 소속되기를 원하는 경향 때문에 위험에 빠지기 쉽다. 가령, 문자로 친구들에게 집단 따돌림을 당하거나 괴롭힘을 당할 수 있다. 여자아이들은 관계 지향적인 기질을 가지고 있어 누가, 왜 그 말을 했는지, 또 친구들이 왜 특정한 아이를 싫어하는지 궁금해하며 따돌리고 괴롭히는 메시지를 계속 보낸다.

딸의 기질을 이해하라

딸의 기질적 특성을 이해하면 딸이 원하는 부모이자 코치가 될 수 있다. 목표를 세우고 선택하는 데 부모가 적절한 역할을 해주면 딸은 자신이 가진 능력을 넘어 더 많은 성취를 이뤄낼 수 있다. 부모는 딸을 폭넓은 집단과 사회적 연결망 속으로 밀어 넣어주려 노력해야 한다. 다른 가족 구성원들 또한 딸에게 긍정적인 기대를 걸어야 한다. 이는 딸의 도덕성을 발달시키고 자존감을 형성하는 데 큰 도움이 된다.

앞서 언급한 몇몇 기질적 특성 덕분에 여자아이들은 남자아이들보다 학교생활에 더 잘 적응한다. 여자아이들은 기본적으로 남자아이들보다 읽고 쓰는 능력이 뛰어나다. 오늘날 학교에 보편적으로 퍼져 있는 협동 수업 방식에도 더 적합하다. 사실 지난 몇 십 년 동안 교육 현장에서 일어난 변화는 대부분 여자아이들에게 유리했다. 기질적으로 여자아이들은 남자아이들보다 토론식 수업이나 그룹 학습에 적응하는 데 유리하다.

딸과 책을 읽고 내용에 대해 이야기를 나누자. 딸이 좀 더 자라면 딸이 가지고 있는 문학이나 인문 분야 책을 읽고 식사 시간에 가족 모두가 토론의 장을 열어도 좋다. 책의 장단점이나 작가의 관점에 대해 의견을 나눌 때 부모의 주장이나 가치관에 대해 딸이 반대 의견을 펼칠 수 있다. 이때 딸 스스로 생각하고 자유롭게 말하도록 허락함으로써 사고력을 키우고 자신만의 목소리를 지니게 할 수 있다.

과거의 부모들은 여자아이들에게 물리학이나 수학보다 언어를 공부하도록 권했다. 여자아이들이 그 분야에서 더 뛰어나다고 믿었기 때문이다. 하지만 최근 대부분의 교육 전문가들은 거의 모든 과목에서 여자아이들이 남자아이들과 동등한 능력을 지니고 있다는 데에 의견을 모으고 있다. 여자아이들에게는 어떤 과목인지보다는 어떻게 가르치는지가 중요하다. 그래서인지 남녀 공학보다는 여학교에 다니는 여학생들의 성취 능력이 더 뛰어난 경향이 있다.

실천하기
딸의 기질을 살려 양육하는 법

♡ 여자아이들은 관계 지향적인 기질을 가지고 있다. 딸이 인정과 이해를 받고 있다고 느끼도록 친밀한 관계를 유지하자.

♡ 딸에게 책을 만들어준다. 이 책은 딸이 특별히 좋아하는 얼굴 사진이 실린 대가족 사진첩이 될 것이다. 책에 나온 가

족 구성원 모두에게 이름을 붙여주거나 그들 중 한 명에 대한 이야기를 들려준다. 사진을 이용해 수 세는 법을 가르치거나 신체 부위를 가리키는 놀이를 할 수도 있다.

♡ 가끔은 딸을 위한 깜짝쇼를 한다. 이것은 딸에게 "엄마(아빠)는 항상 너를 생각하고 있어."라는 메시지를 줄 것이다.

♡ 3살 정도 된 딸이 있다면 딸의 방에 함께 앉는다. 그리고 방에 있는 인형의 이름을 물어본다.

♡ 몇 달에 한 번은 어린 딸과 데이트를 한다. 단 둘이 딸이 원하는 식사를 하는 것이다. 이를 가족의 전통이나 행사로 삼아도 좋다.

♡ 철물, 공구, 정원 용품을 사러갈 때 딸을 데려간다. 가재도구나 가전 용품을 고치는 것도 보여준다.

♡ 딸을 낚시에 데려간다. 낚싯줄을 내리고 기다리는 시간 동안 딸에게 말을 걸고 대화를 해본다.

딸에게 필요한 부모는…

- 딸이 얼마나 사랑스러운지 알려주는 부모
- 딸의 이야기를 들어주고 감정적으로 지지해주는 부모
- 상황을 옳게 해석하도록 도와주는 부모(아이들은 관찰에 뛰어나지만 상황 해석에는 서툴다.)
- 딸이 위험을 지혜롭게 감수하도록 격려하는 부모
- 딸이 자신의 호르몬 특성을 알고 몸에 일어나는 변화 주기에 대처하도록 도와주는 부모
- 딸에게 높은 기대를 거는 부모

모든 아이들은 자신만의 본질적 특성을 인정받거나 이해받고 싶어 한다. 아이 양육의 핵심은 기본 욕구를 만족시키는 것을 넘어 새롭게 자라는 한 인간의 정체성을 키워가는 데 있다.
리처드 화이트필드, 교수, 작가

일단 아이들은 스스로에 대한 구체적인 이미지(도량, 능력, 성취 수준 등)를 가지게 되면 그 이미지를 유지하기 위해 여러 가지 선택을 하게 될 것이다. 어떤 활동을 하고 어느 정도까지 성취할지도 그에 따라 결정된다.
로턴 킹, 심리학자, 《반대하지 않고, 함께》

CHAPTER 04

자존감은 딸의 성장에 필수다

자부심이나 자존감은 자주 오르내리는 화젯거리다. 그런데 이러한 말이 실제로 의미하는 바에 대해서 논쟁의 여지가 있다. 딸들은 스스로에 대한 이미지를 다양한 경험과 사회적 상호 관계로부터 형성하려는 경향이 있다. 일단 처음에는 부모가 자신의 가치나 소중함에 대해 인정해주는 것을 기본적인 원천으로 삼아 스스로에 대한 이미지를 만들어간다. 하지만 그것이 전부는 아니다. 이와 같은 자기 이미지는 다양한 것으로부터 영향을 받으며 물들어간다. 예를 들어, 삶에서 일어나는 크고 작은 사건, 기질, 다른 사람에게 들은 말, 그것에 대해 내린 결론, 타고난 능력과 결함, 스스로의 성공이나 실패에 대한 자각과 자신을 바라보는 시각 등이 자존감에 영향을 끼친다.

지금 내 딸은 따뜻하고 다정하며 활기찬 성인이다. 하지만 어렸을 때는 극단적인 면이 있었다. 어떤 때는 너무 기분이 좋았다가 어떤 때는 지나치게 침울했다. 마치 "날 화나게 하지 마세요."라는 무언의 압박을 하고 있는 것 같았다.

좋은 부모라면 아이의 기질을 이해해주고 아이가 있는 그대로 받아들여지게 해야 한다. 아이가 까다롭고 자신감이 부족하다면 더더욱 그렇다. 내 딸 같은 경우에는 기질적으로

'수달형(전형적인 연예인 타입)'이었다. 스스로에 대해 만족하기 위해서 다른 사람들의 넘치는 애정, 관심, 인정이 필요했다. 딸이 십대였을 때 와이프와 나는 아이가 학교를 마치고 돌아오는 시간을 무척 좋아했다. 늘 그렇듯이 따뜻하고 시끌벅적하게 인사하고 나면 딸은 "오늘 나한테 어떤 일이 일어났는지 아세요?" 하면서 이야기를 쏟아놓기 시작했다. 그 속에는 딸의 말솜씨 덕분에 더욱 재미있어진 우연의 일치와 뜻하지 않은 사건이 가득했다.

중년을 지나 노년에 접어들고 난 뒤에야 다음의 두 가지 중요한 사실을 깨달았다. 첫째, 아이들은 저마다 성격 유형이 다르다. 둘째, 아이들은 소중히 여기는 존경, 관심, 적절한 통제가 주어질 때 건강한 자존감을 지닌 훌륭한 어른으로 자란다.

건강한 자부심은 아이들이 매일의 도전에 맞설 수 있게 도와주는 무기다. 스스로를 사랑하고 몇몇 분야에서 성공을 맛본 아이들은 부정적인 경험을 넘어 갈등을 조절하는 데 더 뛰어나다. 하지만 어렸을 때부터 자기 자신을 부정적으로 바라보는 아이들은 머리 위에 유리 천장을 두고 살아가기 쉽다. 즉, 보이지 않는 한계 속에 스스로를 가두고 어느 정도 이상 발전하기 어려워지는 것이다. 노련한 심리학자이자 양육 전문 저자인 로턴 킹(Laughton King)은 "일단 자아에 대한 개념이 생성되면 좀처럼 변하기 어렵다. 학업뿐만 아니라 인생 전반에 걸쳐 우리는 자아 개념이 만드는 한계에 갇히고 규제당한다."라고 말했다.

부모의 가장 큰 역할은 격려를 통해 아이들을 세상에 내보내기 전에 아이들의 감정적인 탱크에 건강한 자원을 풍요롭게 채워주는 것이다. 이러한 아이들은 자신감 있게 행복한 삶을 살 수 있는 어른으로 성장할 수 있다. 이때 아이들의 감정 탱크에 채워줄 자원이란 구체적으로 무엇일까?

그것은 '깊이 있는 지식'의 집합이다. 이 지식은 딸이 가진 가장 기본적인 질문인 '나는 사랑스러울까?' 혹은 '나는 인정받고 있는 걸까?' 하는 질문에 대한 긍정적이고 확신에 찬 대답을 의미한다. 자신이 사랑스럽고 인정받고 있다고 확신하는 아이들은 가족의 한 구성원으로서 확실히 소속되어 있고, 가족 모두가 자신의 말과 행동 하나하나에 귀 기울여준다고 생각한다. 다시 말해, 이 아이들은 가족과 친구들로부터 충분한 관심과 인정을 받고 있으며 스스로의 인격이나 능력이 자랑스럽다고 느낀다.

부모가 뒤에서 지지해준다고 믿는 딸은 무엇이든 할 수 있다고 생각하는 긍정적인 어른이 된다.

— 실비아 림, 심리학자, 교육자

상황이 힘들어지면 강인한 사람은 더 강인해진다고 한다. 하지만 이 말은 '상황이 힘들어지면 많은 사랑을 받은 사람이 더 강인해진다'로 바꾸는 게 맞다. 우리가 어떤 사람의 자부심이나 자존감에 대해 이야기하는 것은 그가 부모로부터 어떤 양육을 받았는지에 대해 언급하는 것과 같다. 좋은 부모는 아이가 살아가는 데 중요한 것을 잘 갖출 때까지 믿고 기다리며 지지해준다. 그 결과 아이들 마음 깊은 곳에서 건강한 자존감이 뿌리내리게 된다.

아이들은 세상을 탐험할 때 안전한 기지가 될 사람들과 강한 애착 관계로 묶여 있어야 한다. 그렇게 되면 세상으로부터 상처받고 돌아가도 언제든 보듬어주고 이야기를 들어주며 통찰력을 더해줄 사람들이 있다고 확신하게 된다. 이 확신이 있는 딸은 항상 사랑받고 있고 필요할 때마다 삶에 대한 조언을 들을 수 있다고 느낀다. 딸들은 많은 결점에도 불구하고 사랑받고 있다는 것을 알아야 한다. 매일 딸에게 부모의 사랑을 전할 수 있는 가장 좋은 방법은 따뜻함과 기쁨이 넘치는 인사말로 하루를 시작하고 격려의 말을 건네는 것이다. 예를 들어, 다음과 같은 말을 딸에게 해보자.

"좋은 하루 보내."

"야, 우리 딸 같은 학생을 가르치다니 너희 선생님은 복도 많으시구나."

"공부하느라 힘들었지? 엄마는 우리 딸이 보고 싶어서 하루 종일 기다렸어."

딸에게 세상을 알려줘라

심리 치료사인 친구는 자신을 찾아온 성인 환자 중 90%가 어린 시절 부모로부터 좀 더 세심한 보살핌을 받았더라면 지극히 건강한 정상인으로 살았을 것이라 했다. 가령, 부모가 잠자기 전 머리맡에서 아이의 하루를 돌아보며 세상을 보는 바른 시각을 갖도록 조언해줬더라면 나중에 어른이 되어 정신과 의사를 찾아가는 일은 없었을지도 모른다. 그러니 오늘부터라도 딸의 머리맡에 앉아 하루 동안 있었던 일에 대해 재잘재잘 털어놓는 것을 잘 들어주자.

아이들은 훌륭한 관찰자이지만 훌륭한 통역가는 아니다. 다른 사람들의 말을 그대로 받아들이고 그들이 정의하는 대로 자신의 정체성을 형성하기 쉽다. 딸에게 일어났던 모든 일에 대해 관심을 가지기는 어렵다. 하지만 딸이 안전하다고 느끼며 무엇이든 털어놓으려 할 때 짧더라도 집중된 관심을 보이는 일은 중요하다. 딸에게 "오늘 가장 좋았던 일은 무엇이니?" 혹은 "오늘 가장 기분 나빴던 일은 무엇이지?"와 같은 질문을 해보자. 딸이 마음에 담고 있던 이야기를 고백하면 열린 마음으로 대화를 나누자. 어른의 애정이 담긴 통찰력으로 딸의 잘못된 시각을 바로잡아줄 수 있을 것이다.

딸이 잠들기 전 머리맡에서 나누는 대화는 하루 중 감사해야 할 일을 주제로 삼으며 끝내는 게 좋다. 가장 감사해야 할 일을 공유하며 딸의 하루를 함께 마무리지어보자.

사랑받고 있다는 느낌은 자기 수용의 첫걸음이다

자신을 가치 있는 존재로 받아들이는 일은 어디에서 시작될까? 깊이 사랑받고 있다고 느낄 때, 자신이 소중하게 대해진다는 것을 알 때, 자신의 가치에 대한 다른 사람의 비난이 틀릴 수도 있다고 이야기해주는 다정한 어른이 있을 때 자기 수용이 시작된다.

딸의 자존감을 높이려면 세상의 참모습을 알도록 도와주고 목적의식과 자기 회복력을 키워줄 수 있는 메시지를 지속적으로 전해줘야 한다. 다정한 어른들이 세상을 제대로 이해하도록 도와주면 아이들은 세상에 소속되어 받아들여지고 있다는 느낌을 받는다. 아이들은 자신이 관찰한 것을 잘못 해석하기 쉬우므로 스스로에 대해서 부정적이고 미숙한 결론을 내리는 경향이 있고, 이는 잘못된 인생관으로 이어진다. 이때 아이들에게 나이에 적절한 기대를 걸며 통찰력을 줄 수 있는 사람이 바로 아이들을 사랑으로 양육하고 지켜보는 어른들이다. 자녀를 사랑하는 부모라면 다음 사항을 가르쳐야 한다.

- 어떤 문제든 해결될 수 있다.
- 실수해도 괜찮다. 특히 무엇을 배우는 중이라면 더더욱 괜찮다.
- 스스로 생각할 수 있다.
- 자신의 생각과 의견이 다른 사람에게 영향을 끼칠 수 있다.

딸의 자존감을 높여주는 아빠의 대화법을 살펴보자.
"여기 박힌 나사 푸는 일 좀 도와줄래? 손이 작으니까 네가 나보다 훨씬 쉬울 것 같구나. 게다가 넌 손으로 하는 것은 뭐든지 잘하잖니."
"페이스북 이용법 좀 가르쳐줄래?"
딸이 자전거 체인을 스스로 고쳤다면 "와, 정말 대단하다!" 하고 감탄하는 표정으로 칭찬해보자. 딸의 자존감이 쑥쑥 올라갈 것이다.
심리적 문제를 겪는 사람들은 감정적이고 정신적인 자원이 부족한 경우가 많다. 그런데 이 자원은 사랑으로 지지하며 양육해주는 부모가 어린 시절에 채워줘야 한다. 이 자원이 부족한 사람들은 다른 사람들과 조화를 이루거나 감정을 조절하는 능력이 떨어질 뿐만 아니라 부모의 지혜로운 말이 키워주는 회복 능력도 부족하다.

아이들이 스스로를 긍정적으로 받아들이면 무엇이든 적극적으로 해보려는 자신감이 차오를 것이다. 이러한 아이들은 결코 자기 의심이나 부끄러움 때문에 뒤로 숨기만 하지 않는다. 부모가 적절히 지도하면서 성공을 향해 나아가도록 기운을 불어넣어주면 천성적으로 부끄러움을 많이 타는 아이라해도 변할 수 있다. 집에 온 손님을 따뜻하게 환영하고 자신에게 필요한 것을 정확하게 요청할 줄 아는 자신감 있는 아이가 됨은 물론이다.

딸이 자존감을 키울 수 있도록 도와라

요즘 여자아이들은 보통 초등학교 시절에 자연스럽게 자신감과 자아감을 가지게 된다. 하지만 그 자신감은 대학에 진학하면서 사라져간다. 자랄 때에는 인형 놀이나 소꿉장난뿐만 아니라 남자아이들과 태권도나 수영 같은 다양한 운동도 배운다. 이는 전통적으로 여성에게 기대하는 역할의 한계를 벗어난 것처럼 보인다. 하지만 안타깝게도 11~12살쯤 되면서부터 이와 같은 자신감을 잃어가기 시작한다. 날씬한 몸매를 강조하는 문화를 자각하고 다른 사람들이 자신을 어떻게 바라보는지 의식하기 시작하기 때문이다. 이 즈음부터 여자아이들은 세상 사람들이 좋아하는 모습으로 변하고 싶어 한다. 드디어 부모의 특별한 관심이 필요한 시기가 시작된 것이다.

부모는 딸이 인생의 가능성에 대해 흥미와 열정을 가지고 꿈을 키워갈 수 있게 도와줘야 한다. 무엇보다 외모가 아니라 자신의 활동과 능력으로 스스로를 평가하도록 만들어야 한다. 딸이 외모만 가꾸고 그것에 집착하며 십대를 보낸다면 심각한 어려움에 직면하게 될 수 있다.

조앤 딕 박사는 《여자아이들은 원래 그런 법이다》라는 책에서 여자아이들은 자신이 할 수 있는 것을 바탕으로 자존감을 키워가야 한다고 주장했다. 즉, 부모는 딸이 운동, 창의적인 일, 유대 관계 등 어떤 분야에서 능력을 발휘하고 있는지 중시해야 한다.

신체 활동이 딸에게 좋은 이유

운동은 여자아이들에게 많은 도움이 된다. 딸이 어릴 때부터 꾸준히 할 수 있는 운동에 대해 계획을 세워보자. 부모가 함께 하는 운동이면 더욱 좋다. 집에서 보내는 놀이 시간만큼 야외 활동을 하는 것을 가족 규칙으로 삼아도 좋다. 보통 아이들은 집안에서 책이나 텔레비전을 보고 컴퓨터 게임이나 보드게임 등을 하며 논다. 그 시간만큼 가족이 야외에서 할 수 있는 활동을 생각해보자. 등산, 산책, 농구, 배드민턴, 자전거 타기 등이 있다. 딸이 가족과 어울리는 재미를 느끼고 운동에 적극적으로 달려들게 만들어주자.

즉흥적으로 가족들이 함께하는 재미있는 활동은 아이들의 자신감을 길러준다. 아이들이 좀 자란 뒤에는 각자 원하는 스포츠 활동에 등록하게 한다. 특히 딸에 대해서는 가족 전체가 지원을 아끼지 말자. 운동을 하는 여자아이들은 얻는 게 많다. 운동 능력이 좋아질 뿐만 아니라 리더십, 문제 해결력, 신체 조절력 등을 키울 수 있다. 운동에 숙련될수록 자신감이 커지고 팀 스포츠일 경우 동료를 얻게 된다.

안타깝게도 많은 여자아이들이 고등학교에 들어갈 때쯤이면 운동을 포기한다. 스스로 좋은 운동선수라는 생각이 들지 않기 때문이기도 하지만, 같이 운동할 친한 친구가 없기 때문이기도 하다. 부모는 이 시기에 딸이 운동을 포기하지 않도록 격려하고 도와줄 필요가 있다. 딸이 계속 기술을 갈고닦아 경기에서 이기거나 우아하게 질 줄 알도록 만드는 것도 중요하지만 팀에 대한 소속감이 절실하기 때문이다. 운동을 함께하는 팀원들과 우정을 쌓아가면 혹여 학교에서 다른 친구들과의 관계가 틀어진다 해도 편한 마음으로 어울릴 친구들이 여전히 존재한다.

　계절이 바뀔 때마다 아이들이 날씨에 맞는 운동을 한 가지씩 하도록 가족 규칙을 정하자. 운동 종목은 나이에 맞게 각자 선택하면 좋다. 운동이 선사하는 또 다른 효과는 딸이 잘 먹고 잘 자는 건강한 생활을 하게 된다는 점이다. 운동의 수많은 장점은 딸이 요동치는 사춘기를 헤쳐 나가는 데 큰 도움을 준다는 것이다. 그러니 어떤 식으로든 딸과 운동을 하자. 내가 아는 한 아빠는 딸에게 무조건 운동을 시키지 않고 자신의 마라톤 대회 연습을 도와달라고 부탁했다. 딸은 그 일을 계기로 매일 뒹굴던 소파에서 내려와 아빠를 도와주다 마라톤의 재미에 푹 빠지게 되었다. 마라톤에 매료된 아이는 후에 장거리 마라톤 주자가 되었다.

딸 잘 키우는 tip

♡　생리학적인 면에서 여자아이들은 규칙적인 운동을 할 때 몸과 마음이 훨씬 건강해진다. 특히 감정은 많은 부분에서 식생활과 관련 있으며 운동을 하면 우울증을 예방할 수 있다는 연구 결과가 발표되었다.

♡　불량 식품을 먹었을 때 여자아이들이 남자아이들보다 더

살이 찌는 경향이 있다. 여성 호르몬 중 하나인 에스트로겐의 영향을 받아 섭취한 음식이 쉽게 지방으로 바뀌기 때문이다. 대신 남자아이들은 테스토스테론의 영향으로 근육이 더 발달한다. 또, 남자아이들은 스트레스를 받으면 공격적인 행동을 통해 스트레스를 발산시킨다. 하지만 여자아이들은 스트레스를 받아도 밖으로 터트리지 않기 때문에 결국 호르몬 활동에 영향을 받아 살이 찌게 된다. 따라서 가정의 식단을 야채, 과일, 통곡물 위주로 짜고 설탕 같은 고탄수화물 음식과 고지방 음식을 최소로 줄여야 한다.

창의 활동이 딸에게 좋은 이유

딸이 글쓰기, 춤, 노래, 연주, 공예 같은 창의적인 활동을 하도록 격려해야 한다. 가족이나 친구들에게 줄 카드 만들기나 자녀들이 모두 참여하는 가족 콘서트도 딸 스스로 의미 있는 존재라 느끼게 할 수 있다. 자신이 어떤 일을 잘 해낼 수 있다는 경험이 되기 때문이다. 이러한 경험은 스스로 성장하고 있다고 느끼면서 자존감을 높이는 계기가 된다.

딸이 초등학교에 다니는 동안 다양한 체험을 하게 해주고 재능이 보이는 부분의 능력을 개발시켜주자. 부모가 시를 좋아한다고 해서 딸도 시를 좋아할 것이라 간주하지 않도록 한다. 부모에게 음악적 재능이 있다 해도 딸은 전혀 그렇지 않을 수 있다. 이 경우에는 딸에게 그림이나 무용을 가르쳐보자. 딸이 어느 분야에 재능이 있는지 일찌감치 알게 될 수도 있지만, 반대로 이것저것 해보느라 상당한 시간이 걸릴 수도 있다. 재능은 꼭꼭 숨어 있기 때문이다. 꼭 기억해야 할 점은 모든 아이들은 잠재력을 가지고 있다는 사실을 믿고 부모는 그것이 발현되도록 끝까지 도와줘야 한다는 것이다.

유대 관계가 딸에게 좋은 이유

딸이 주위 사람들과 좋은 유대 관계를 맺도록 도와주자. 가족의 전통과 소통하는 법뿐만 아니라 집단 속에서 긍정적이고 사교적인 활동을 하도록 가르치면 소속감과 유대감을 키워줄 수 있다. 가정을 바로 세우고 딸을 능력 있는 성인으로 자라게 하고 싶다면 가족 모두가 식탁에 둘러앉는 식사 시간을 포기해서는 안 된다. 가족 전통을 중시하면 '우리 가족은 늘 이렇게 한다'는 생각 아래 가족만의 문화를 만들어갈 수 있다. 가족 전통이나 가족 행사에 참여하지 않는 청소년들은 또래 집단에 집착하거나 불특정 다수의 온라인 모임에서 소속감을 찾으려 든다. 가정에 대대로 내려오거나 친척들과 공유하는 전통이 없다면 부모 세대에서부터 시작해보자. 예를 들어, 금요일 밤에 가족이 모여 피자를 먹고 몸짓으로 단어 맞히기 게임을 할 수 있다. 배달 음식을 시키고 영화를 봐도 좋다. 생일, 결혼기념일, 학기 마치는 날 등은 가족 전통을 만들 수 있는 좋은 기회다.

　　우리 가족은 생일날이면 모두가 간단한 발표를 했다. 주제는 생일인 사람에 대한 칭찬 및 긍정적인 제안 등이었다. 평소 형제자매들은 서로를 칭찬하고 인정하는 데 익숙하지 않다. 따라서 적어도 1년에 한 번 정도는 형제자매 간에 혹은 부모 자식 간에 서로를 칭찬하고 인정하는 시간을 가질 필요가 있다. 비록 가족들만 있는 자리이더라도 이를 통해 딸의 자존감은 쑥쑥 높아질 것이다. 또한, 사람들 앞에서 딸에게 칭찬을 해준 다른 자녀의 자존감까지 덩달아 높아진다.

딸 잘 키우는 tip

조앤 딕 박사는 《여자아이들은 원래 그런 법이다》에서 "다양한 활동과 가족 전통은 삶을 의미 있게 만들고 스스로를 유능한 존재로 느끼게 해준다."라고 말했다. 덧붙여 다음과 같은 주장도 했다.
"여자아이들이 고등학교에 가기 전까지 신체 활동(운동, 무용 등), 창의 활동(연주, 연극, 공예 등), 지적 활동(독서, 글쓰기 등)을 꾸준히 한다면, 스스로의 가치를 그러한 활동이나 능력으로 정의하게 된다. 즉, 얼마나 날씬한지 혹은 최신 스마트폰을 가지고 있는지로 스스로를 평가하는 일이 줄어든다."

딸을 긍정적인 사람으로 키워라

지난 수년 동안 자녀들의 자존감을 높이자는 운동이 있었다. 이 운동에 따르면, 부모는 자녀에게 '어떤 일이 있더라도 자신에 대해 긍정적으로 생각하라'고 가르쳐야 한다. 하지만 최근 들어 많은 전문가들은 자신에 대한 긍정적인 생각보다는 스스로 하는 행동에 자존감을 높이는 비결이 있다고 주장한다.

《자녀에게 줄 최상의 선물은 낙관적인 인생관이다(The Optimistic Child)》의 저자인 마틴 셀리그만(Martin Seligman) 박사는 "스스로에 대해 긍정적으로 생각하려 노력한다 해도 잘 해내는 행동이 따르지 않으면 실제 성공으로 연결되지 않는다."라고 주장했다. 셀리그만 박사는 아이들이 나쁜 일을 겪을 때가 아니라 그 일에 대해 아무것도 할 수 없다고 느낄 때 무력감을 학습하게 된다고 했다. 그는 이를 증명하기 위해 개를 이용해 실험을 했다. 셀리그만 박사는 개를 우리에 가두고 바닥에 전기 충격을 반복해서 가했다. 이 과정에서 개는 고통을 줄이기 위해 아무것도 할 수 없는 자신의 무기력을 학습하게 되었다. 결국 나중에 도망갈 기회가 주어져도 아무것도 하지 않은 채 전기 충격을 고스란히 받고 있었다. 셀리그만 박사는 이후 실험을 계속한 뒤 다음과 같은 결론 내렸다.

"개에게 어떤 행동을 잘 하면 효과가 있다는 것을 가르쳐주자 겨우 무기력이 치료되기 시작했다. 어린 자녀가 무언가에 숙달되어 잘 해내는 경험을 하면 학습된 무기력에서 빠져나올 수 있다."

덧붙여 그는 "비관적인 사고방식은 우울함과 싸워 이길 능력을 갉아먹으며, 비관주의자는 자신을 우울증으로 몰아가는 무기력에 굴복하기 쉽다."라고 했다. 또 다른 연구에 따르면, 내면 지향적인 아이들이 행동을 유발하는 외부 요소에 의지하는 아이들보다 더 행복한 삶을 살고 더 나은 성취 능력을 보인다고 한다. 겉으로 드러나는 요소에 의존하는 아이들은 우연이나 행운이 자신의 환경을 지배한다고 보는 반면, 내면 지향적인 아이들은 어떤 환경에서든 강한 가치관, 목표 의식, 일관성을 지키려고 한다.

셀리그만 박사는 "우리는 자녀가 건강하게 자라는 것 이상을 기대한다. 아이의 인생이 우정, 사랑, 위대한 업적으로 채워지기를 바란다. 또, 아이가 무엇이든 배우기를 열망하고 기꺼이 도전하는 삶을 살기를 바란다. … 성장하며 겪는 실수와 실패로부터도 회복할 수 있는 능력을 갖추길 바란다."라고 하면서 비관적인 사고방식을 지닌 문제에 대해서도 언급했다. 그는 한때의 비관적인 생각이 뿌리 깊은 사고방식으로 자리 잡기 쉽다고 봤다. 비관적인 사고방식에 사로잡힌 사람은 어떤 일에 적극적으로 달려들기 어렵기 때문에 그만큼 성취하는 것이 적다. 이러한 면에서 사춘기의 우울한 감정을 음악이나 패션으로 발산하는 최근의 '이모(EMO; Evolution Music Operation)' 문화는 청소년들이 부정적이고, 수동적이며, 낙오자 의식에 사로잡히지 않도록 도와준다.

도전에 꿋꿋하게 맞서며 장애물을 극복하려는 자세는 부모가 자녀에게 바라는 가장 중요한 자질이다. 긍정적인 부모는 자녀에게 '할 수 있다'는 정신을 심어줌으로써 실수나 실패를 지혜롭게 해석하고 극복해 더욱 능력 있는 사람으로 성장하도록 해준다.

부모는 딸이 원했던 만큼 어떤 일을 해내지 못했을 때 겉으로만 괜찮다고 말해주기도 한다. 하지만 이보다는 딸이 실패를 있는 그대로 인정하고 그것을 해석하는 부정적인 방법을 바꿔보는 게 좋다. 실패를 경험한 딸은 '난 멍청해.' 혹은 '제대로 하는 게 아무것도 없어.'라고 자책할지도 모른다. 이러한 방식의 자기 대화는 무슨 일이든 쉽게 포기하고 수동적으로 대처하게 만든다. 딸이 실패 앞에서 좌절하고 있다면 부모로서 아이의 감정을 받아들이자. 그리고 "나도 너처럼 7살이었을 때 그 일이 너무 어려웠어. 하지만 언니처럼 9살이 되면 잘 할 수 있을 거야. 잘 하려면 누구나 연습이 필요해."라고 따뜻하게 말해주자.

실천하기
딸에게 건강한 자존감을 키워주는 방법

- ♡ 가사일을 돕도록 격려하고 실천하면 적절한 칭찬을 한다.
- ♡ 부모의 관점과 다를 때 자신의 의견을 표현할 수 있게 한다.
- ♡ 실수를 하더라도 좌절하지 말고 실수로부터 배우도록 한다.
- ♡ 재능을 구체적으로 칭찬한다.
- ♡ 있는 그대로 사랑받을 수 있는 소중한 존재임을 알게 한다. 무언가를 다른 사람보다 잘하거나 성과를 냈을 때에만 사랑받는 느낌이 들지 않도록 한다.
- ♡ 항상 부모로부터 충분한 관심을 받고 있음을 알게 한다. 딸이 하는 이야기에 귀 기울여주고 이러한 부모의 관심을 딸이 인지하게 한다.

칭찬하되 긍정적이고 구체적인 평가를 병행하라

칭찬은 아이에게 하루 세끼 식사만큼이나 필요하고 중요하다. 칭찬을 받은 아이는 자신감이 생기며 자신이 사랑받고 인정받는다고 느끼게 된다. 칭찬은 강력하다. 하지만 칭찬을 남발하면 그 힘이 사라진다. 딸이 칭찬받을만한 일을 해냈을 때에만 폭풍 칭찬하자. 물론 부모는 자녀가 꼭 칭찬받을 일을 하지 않아도 있는 그대로 사랑한다. 이 사실을 매일 자녀에게 이야기해줄 필요가 있다.

그리고 자녀가 타고난 자질이 아니라 이루어낸 행위에 대해 칭찬해주는 것도 중요하다. 예를 들어, "넌 정말 타고난 가수구나."라고 칭찬하기보다는 "우리 딸은 진심을 담아 노래하는구나."라고 하는 게 좋다. 칭찬할 때는 구체적으로 확실하게 하자. "잘했어!"라는 일반적인 말보다는 딸이 스스로를 평가하는 데 응용할 수 있는 말을 해준다.

"피아노 소리 정말 좋다. 우리 ○○는 진정한 음악가야."

"동생을 데리고 게임하는 모습을 보니 정말 대견스럽구나. 우리 ○○처럼 친절한 사람은 누구나 좋아할 거야."

딸 잘 키우는 tip

♡ 　딸을 칭찬해주고 딸의 하루를 행복하게 해준다.
♡ 　딸이 스스로를 사랑하도록 가르쳐준다. 인생을 살아가는 데 힘이 될 큰 자산을 갖출 수 있게 할 것이다.

칭찬이 지나치면 독이 된다

칭찬은 중요하지만 적절해야 한다. 아이가 늘 칭찬만 받으면 어느새 칭찬에 의존하는 성격이 되어버린다. 이러한 아이들은 칭찬받을만한 일만 제대로 하려 한다. 연구 결과에 따르면, 가장 효과적으로 양육하는 부모들은 칭찬을 제한한다. 아주 어린아이들도 칭찬이 자신을 조종하기 위한 속셈에서 나왔다는 것을 인식한다. 그래서 지나치게 칭찬을 받으면 불안해하고 두려워한다. 또한, 칭찬에 익숙해진 아이는 칭찬이 없이는 그 어떤 일도 제대로 하려 들지 않는다. 일부 아이들은 부모에게 칭찬을 받는 순간 어딘가에 갇힌 느낌이 든다고 말하기도 한다. 부모에게 인정받으려면 그와 같은 성취물을 계속 만들어내야 한다는 생각이 들기 때문이다.

　그럼에도 불구하고 칭찬은 자존감을 바로 세우도록 인

도하는 위대한 도구이므로 칭찬을 할 때는 아이가 잘한 일에 대해서만 하자. 잘 해내지 못해서 칭찬할 수 없다면 아이를 격려하자. 어떤 부모들은 딸이 칭찬받을 만큼 해내지 못한 경우 무엇이 잘못되었는지 일일이 비판하려 한다. 하지만 칭찬할 수 없을 때 해야 할 일은 격려다. 아이에게 방 청소를 하라고 했는데 청소는 하지 않고 방바닥에서 뒹구는 딸을 발견했다면 이렇게 말해보자.

"○○아, 이제 청소 시작하려는 거니? 방 이쪽 부분은 벌써 좀 치웠나보구나. 그런데 침대 위 잠옷은 아직 그대로네. 개어서 베개 밑에 넣고 방바닥에 어질러진 책도 예쁘게 꽂아야겠네. 자, 엄마가 5분 후에 다시 올게. 그때까지 깨끗이 치워 놓으리라 믿어."

혹은 조금 더 시간을 주며 다음과 같이 이야기해줄 수도 있다.

"10분 후에 아침밥이 다 되니까 그때 다시 와볼게."

청소하지 않았다고 비판하는 대신 격려를 택한 것이다. 그리고 아이 수준에 맞게 해야 할 일을 여러 부분으로 나누어 구체적으로 설명해줬다. 이것은 아이가 엄마 일을 돕게 만들 수 있는 좋은 방법이다. 아이가 한 부분을 해냈다면 먼저 그것에 대한 칭찬을 한다. 그러고 나서 나머지 하지 못한 부분을 상기시키며 잘 할 수 있도록 격려하자. 딸이 목표를 향해 점점 발전하고 있다면 한 단계 한 단계씩 조그만 성취를 이룰 때마다 축하하고 칭찬하면 된다.

아빠가 사춘기 딸의 자존감을 좌우한다

딸이 사춘기를 겪는 동안 아빠에게 받는 평가는 매우 중요하다. 아빠가 딸의 아름다움이나 가치에 대해 생각하는 바가 딸이 스스로를 평가하는 기반이 되기 때문이다. 심지어 이것은 남자친구나 남편을 선택하는 기준이 되기도 한다.

몇몇 연구에 따르면, 아빠가 남녀 차별 없이 얼마나 따뜻하게 대해줬는지가 엄마의 태도보다 딸의 자존감 형성에 더 큰 영향을 끼친다고 한다. 아빠가 딸에게 큰 기대를 걸면 딸 또한 스스로에게 큰 기대를 걸게 된다. 아빠는 딸에게 통찰력 있는 눈으로 위험을 평가하는 능력을 키워줄 수 있고 스스로를 책임지도록 가르칠 수 있다. 자립형 여학교 교장인 로버트 존스톤(Robert Johnstone)은 〈잉글랜드 데일리 메일〉지에서 "학교는 아이들이 멍들고 무릎이 까지더라도 위험에 직면하는 법을 가르쳐야 한다. 아이들은 '이건 허용된 것이니 안전해'가 아니라 무엇이 옳고 합리적인지를 스스로 판단하는 습관을 키우도록 가르쳐야 한다. 위험하게 살아가는 것은 현대인들이 상실한 삶의 기술이다. 요즘은 여자들도 경찰이 되고 군대에 가는 시대이지만 그 어느 때보다 여자들을 안전하게 지키려는 규칙이 무수히 많은 시대이기도 하다."라고 말했다. 그는 교사협회에서 다음과 같은 연설도 했다.

"어떤 부모들은 자녀들의 안전을 염려해 캠핑 같은 야외 체험에 보내지 않는다고 한다. 하지만 내가 있는 여학교에서는 만 평이 넘는 드넓은 공원에서 썰매 타기를 하거나 밤에 등불 없이 숲길 걷기 체험을 한다. 아이들이 직면할 수 있는 위험 요소를 죄다 없애는 일은 영혼을 제거하는 것이나 마찬가지다. 이런 종류의 담력 키우기나 근성 키우기 행사에 아빠들이 실질적으로 많은 도움을 줄 수 있다. 요즘은 그 어느 때보다 아빠의 역할이 중요하다."

실천하기
딸의 능력을 키워주고 가치관을 바로 세워주는 방법

♡ 가장 좋아하는 의자에 앉아 딸을 안고 부모만이 아는 딸에 대한 이야기를 들려준다. 딸을 낳았을 때 이야기부터 시작해도 좋고, 처음 초음파 사진으로 엄마 뱃속에 있는 모습을 확인했을 때부터 시작해도 좋다. 딸이 태어났을 때 누가 가장 먼저 봤는지 그리고 딸을 처음으로 안은 할머니가 어떤

말을 했는지 들려준다. 딸의 이름이 어떤 의미이며 왜 그러한 이름을 지어줬는지 설명해준다. 딸의 첫 외출, 첫 생일, 첫 크리스마스가 어떠했는지도 들려준다. 부모가 생각하는 딸의 가장 좋은 점 세 가지를 이야기해준다.

♡ 딸이 방 안으로 들어서면 반짝이는 눈으로 반겨준다. 모든 자녀들은 언제나 부모로부터 사랑받기를 갈망한다. 안타깝게도 많은 부모들이 사랑스런 자녀를 보는 순간 얼마나 기쁜지를 표현하기 전에 지시하고, 바로잡고, 불평하려 든다. 지금부터라도 순서를 바꾸자. 먼저 딸과 함께하는 기쁨을 표현하고 딸이 지금 어떤 상태인지 관심을 보이자. 딸이 해야 할 일에 대한 관여는 그 후에 해도 좋다.

♡ 매일 밤 딸의 침대 머리맡에 앉아 하루를 돌아본다. 무엇이 가장 기쁘고 무엇이 가장 기분 나빴는지 물어보자.

♡ 가끔은 하루 중 가장 기뻤던 일 세 가지가 무엇인지 물어보는 것도 좋다. 그 대답은 부모의 기대를 벗어난 엉뚱한 것일 수 있다. 하지만 그로 인해 딸이 무엇을 가장 좋아하는지 알 수 있는 통찰력이 생길 것이다.

♡ 딸이 부정적으로 받아들이는 상황을 재해석해준다.

♡ 애정이 담긴 말을 쓰려고 의식적으로 노력한다.
"네가 한 일은 다 성공이구나. 엄마는 정말 기쁘다."
"너와 같이 있는 게 정말 좋구나. 넌 아빠 인생의 빛이야."

"어디 보자. 우리 딸 너무 예쁘구나. 한번 돌아볼래?"
"넌 네 자신을 자랑스럽게 여겨도 돼. 왜냐하면…"
"널 이렇게 보고 있는 것만으로 얼마나 좋은지 모르겠구나."
"이게 정말 네가 한 거니? 엄마는 완전 감동이다."

♡ 모험하고 성취하도록 격려한다. 적절히 과장해서 크게 칭찬해도 좋다.

♡ 가정 안에서 축하 문화를 만들기 위해 주말 시상식을 마련해본다. 가족 모두 참여하는 이 행사를 통해 박수 치고 환호하며 서로를 칭찬하고 인정할 수 있다.

♡ 시상식에 상품을 준비한다. 남모르게 베푼 친절, 잘 해낸 일, 좋은 성적, 운동 경기 우승, 학교 과제 완수 등에 대해 상품 쿠폰이나 초콜릿 같은 것을 준다. 상품을 줄 때는 다른 가족들이 환호해주면 좋다.

♡ 칭찬하는 의미로 특별한 그릇에 음식을 먹게 한다. 예를 들어, 혼자 운동화 끈을 묶거나, 시험을 잘 보거나, 자격증을 따는 것과 같이 한 단계 발전하거나 칭찬받을만한 일을 한 사람은 화려하고 예쁜 그릇에 밥을 먹게 하는 것이다.

딸의 자존감을 키워주려면…

- 딸의 기질을 이해하며 쉽고 편안하게 받아들여질 수 있는 방법으로 양육한다.
- 딸을 격려한다. 적절한 관심을 충분히 보여주고 가족과 친구들로부터 인정받게 한다. 딸의 개성이나 성취 결과에 대해 스스로 자랑스러워할만하다는 것을 알게 한다.
- 평생 추구할 꿈을 꿀 수 있게 도와준다.
- 딸이 운동을 열심히 하도록 격려한다. 운동 능력이나 자신감이 커질 뿐만 아니라 같은 팀을 이루는 친구들을 폭넓게 사귈 수 있다.
- 딸의 창조성을 격려한다. 스스로를 중요한 존재로 느낄 수 있게 된다.
- 가족끼리의 유대감과 소속감을 느끼게 한다.
- 정기적으로 적절한 칭찬을 한다. 딸이 합당하다고 느낄 수 있는 부모의 따뜻한 칭찬과 인정은 중요하다. 이를 통해 딸은 스스로를 칭찬하는 법을 배운다.

딸, 특히 사춘기 직전 여자아이를 키우는 부모들은 주목해야 할 사실이 있다. 이 아이들은 지나친 자극이 범람하는 사회에서 내면적으로 큰 스트레스에 시달리고 있다. 지나친 자극을 받는 사춘기 여자아이들의 나이가 점점 더 어려지고 있고, 위로해줄 가족이나 대가족이라는 안전장치 없이 홀로 견뎌야 할 때가 많다.
마이클 거리언, 《여자아이 심리백과》

요즘 아이들은 무차별 광고의 목표가 되고 있다. 인터넷 웹사이트나 텔레비전 프로그램에 삽입된 광고뿐만 아니라 팝업 광고, 이메일이나 문자 메시지를 통한 광고가 아이들 눈앞에 쏟아진다. 많은 전자 매체가 이러한 광고에게 '모방과 반복'이라는 학습 도구를 허락하고 있다.
수 팔머, 《아이 잘 키우기》

오래된 가치관이 무너진 빈 자리에 상업적 욕망이라는 괴물 제국이 쳐들어와 여자아이들을 대상으로 새로운 노예 제도를 생산해내고 있다. 이 제도 아래에서 여자들은 날씬해야 하고, 실리콘을 집어넣는 수술을 해서라도 가슴을 크게 키워야 한다.
지셀라 프로스코프, 《딸 키우기》

CHAPTER 05

험난한 디지털 세상에서 딸을 지켜라

오늘날 문화에는 여자아이들에게 긍정적인 면이 많다. 하지만 아이들의 자신감을 미묘하게 혹은 두드러지게 갉아먹는 요소 또한 많다. 물론 여자아이들도 남자아이들이 하는 거의 모든 일을 동등하게 할 수 있다. 그래서 어떤 사람들은 지금은 여자아이들의 시대라고 말하기도 한다. 하지만 놀랍게도 후기 페미니스트 시대를 사는 요즘 여자아이들은 이러한 혁명의 결과로 인해 그 어느 세대보다 큰 고통을 받고 있다. 새로운 혁명의 시대는 '여성적인' 기질을 반드시 보호해주지 않는다. 그리고 겉으로 보이는 이미지, 결과물, 혁신에 대한 집착에 사로잡혀 인간다움을 대가로 지불하게 만든다.

    친밀함에 대한 여자아이들의 본질적인 갈망은 생리학, 심리학적으로 뿌리가 깊다. 경쟁적인 상황에서 활성화되는 테스토스테론은 남자들에게는 활력소가 되지만 여자들에게는 피곤함을 준다. 또, 현대 사회의 핵심인 개인주의와 물질주의는 유대 맺기를 갈망하는 여자들의 본질과 크게 충돌한다.

    물건을 팔아야 하는 마케터들은 미디어를 통해 인간의 불안하고 나약한 심리를 지극하며 여자아이들에게 나쁜 영향을 끼치고 있다. 그들이 조장한 대중문화 속에서 칭찬받는 사람이 되려면, 날씬하고 성적인 매력이 있어야 하며 부자이거나 예쁘고 멋져야 한다. 인간의 가치에 대한 이와 같은 인위적인 평가는 이제 막 여성으로 성장하려는 여자아이들에게 잘못된 기준을 제시해 삶에 대한 태도를 망쳐버린다.

여자아이들은 자기들만의 문화에 민감하다. 그래서 그것에 뒤처지는 듯하면 괴로워한다. 뿐만 아니라 여자아이들이 느끼는 가장 큰 고통 중 하나는 또래로부터 무시당하고 버려지는 것이다. 외모 지향적인 현대 문화는 특히 여자아이들에게 해롭다. 여성들이나 소녀들을 위한 잡지를 한번 훑어보라. 어디서든 외모, 다이어트, 애정 관계에 대한 설문 조사를 발견할 수 있을 것이다. 이 설문 조사가 기본적으로 빼놓지 않고 묻는 질문 항목에는 '현재 키는?, 몸무게는?, 네 자신에 만족하는가?' 등이다. 여자아이들이 그들만의 문화 속에서 환영받지 못할까 두려워하는 점을 이용해 얕은 수법으로 스스로를 평가하게 만드는 것은 너무 잔인한 일이다.

딸 가진 부모가 맞닥뜨리는 현실

딸들에게 사회에서 통용되는 문화를 소개해주는 사람은 전통적으로 부모나 주변에 있는 나이 든 여성이었다. 그런데 불행하게도 현대 사회의 부모들은 문화를 소개하기에 앞서 그것의 수많은 위험 요소로부터 딸을 보호해야 할 입장이 되었다. 다시 말해, 딸들이 문화적으로 똑똑한 분별력을 갖추도록 준비시켜줘야 한다. 더 나아가 사회에서 선호하는 것과는 다른 가치를 가정에서 부모들이 적극적으로 가르쳐야 할 때도 있다. 또, 미디어가 가정에 쏟아놓는 메시지와 싸우며 그것을 넘어서야 할 경우도 있다.

그렇다고 해서 딸들이 자신만의 아름다움을 발산하도록 하는 개성, 몸의 균형, 우아함을 갖추게 하지 말아야 한다는 의미는 아니다. 딸들은 자신감 있게 옷을 입고, 스스로 꾸미는 법을 배울 수 있다. 하지만 이것이 천하고 탐욕스런 동기가 유발하는 물질주의에서 비롯된 것이 아니어야 함을 확실히 해두고 싶다. 부모는 딸들에게 있는 그대로의 자기 모습에 만족하도록 가르치고, 밖으로 드러나는 외모보다는 자질을 소중히 평가해줘야 한다. 부모가 딸을 있는 그대로 아름답게 보고 개성과 열정을 포함한 딸의 고유한 매력을 인정해주면, 외모 중심의 문화가 요구하는 기준에 자신을 끼워 맞추기 위해 애쓰는 사람이 되지 않을 것이다.

부모는 날씬한 몸매, 예쁜 얼굴, 성적인 매력에 대한 사회의 강요가 딸을 망치지 않도록 차단해야 한다. 이 시기의 딸은 부모가 소중히 여기는 것을 받아들여 자기 것으로 만들려 한다. 부모가 딸의 내면에 있는 가치를 높이 평가하고 다른 사람을 볼 때에도 외모가 아니라 내적인 아름다움을 중시하면 딸 역시 자신과 친구들의 내면을 중시하게 될 것이다.

스스로를 꾸미고 운동으로 몸매를 가꾸며 건강한 삶을 꿈꾸고 계획하는 것은 중요한 일이다. 하지만 딸들은 이 과정에서 거울의 장난에 속기 쉽다. 거울에 비친 자신과 현대 사회의 '우상'을 비교하면서 큰 불만을 느끼게 되기 때문이다. 특히 엄마들은 사춘기 딸에게 말을 건넬 때 조심해야 한다. 아무 생각 없이 던진 한 마디가 딸이 스스로를 부적절한 존재로 느끼도록 만들 수 있기 때문이다. 딸을 양육하는 것은 무거운 책임이 따르는 일이다. 따라서 부모로서 하는 혼잣말이나 자신에 대한 생각까지도 하나하나 신경 써야 한다. 부정적인 말이나 생각은 금물이다. 가끔씩 자기 자신을 어떻게 생각하고 있는지 돌아보자. 엄마가 자신의 몸무게, 옷이나 물건에 대한 소유욕에 사로잡혀 지내면 무언의 메시지가 되어 딸의 내면에 깊이 새겨질 것이다. 딸은 엄마를 사랑하기 때문에 엄마를 닮기 쉽다.

딸이 친구를 데려오면 그 아이의 성격을 중시한다는 것을 보여주자. 외모나 겉으로 보이는 특징을 칭찬하지 말고 딸이 배우면 좋을 내면적인 자질을 칭찬한다. 예를 들어, "엄마는 은정이가 놀러오는 게 정말 좋아. 그 애의 긴 생머리가 너무 예쁘지 않니?"라고 한다면, 짧은 곱슬머리를 가진 딸은 어떻게 느낄까? 아이는 그 문제에 대해 아무것도 할 수 없는 무력감을 느낄 것이다. 하지만 엄마가 딸 친구의 내면적인 자질, 즉 다른 사람을 기꺼이 돕고, 예의 바르고, 품위 있게 요청할 줄 아는 행동 등에 대해 칭찬한다면 겉모습보다 내면이 중요하다는 것을 딸에게 가르칠 수 있게 된다.

　　부모 스스로 다양한 친구를 사귀어 롤 모델로 삼게 하자. 이때 부모가 그 친구들을 좋아하는 이유는 그들의 멋진 외모나 옷차림 혹은 소유물 때문이 아니라 삶에 대한 열정, 생기발랄, 흥미, 창의성 때문이어야 한다.

　　우리는 딸에게 음악, 미술, 자연이나 다양한 문화와 사람들을 접할 기회를 주어 아름다움에 대한 이해의 폭을 넓혀줄 수 있다.

　　　　　　　　　　　　　　- 샐리 섕크스, 상담 전문가

대중문화는 딸에게 부정적인 영향을 준다

대중문화가 여자아이들에게 끼치는 영향에 대해 걱정하는 비평가나 심리학자가 점점 늘고 있다. 그들은 예전에는 미미하기만 했던 영향력이 이제는 재앙 수준에 이르렀다고 본다. 일례로 여자아이들 사이에서 날씬해지기 위해 굶거나 토하는 일이 유행병처럼 번지고 있다.

호주 여성 포럼(Australian Women's Forum)은 최근에 공인된 자료를 바탕으로 다큐멘터리를 만들었다. 부모들을 위한 이 다큐멘터리의 제목은 '허세(faking it)'다. 제작자들은 현대 사회의 대중문화가 여자아이들에게 끼치는 부정적인 영향에 대한 기록을 찾아냈다. 이 자료에 따르면, 마른 체형을 추구하는 문화 및 여자아이들에게 일찍부터 성적 매력을 부여하려는 패션 산업과 잡지가 조장한 유행이 많은 문제점을 일으키고 있다. 사춘기 여자아이들에게서 섭식 장애, 자해, 낮은 자존감, 부진한 학업 성적, 사춘기 우울증과 같은 현상이 증가하는 것도 주류 여성 잡지가 주도하는 비현실적인 여성 이미지나 다이어트 열풍과 크게 관련된 것으로 드러났다. 그리고 여러 잡지를 인용하며 그것이 끼친 영향 때문에 여자아이들은 자신의 진정한 재능을 살리지 못하고 오로지 자신이 얼마나 날씬하고 매력적이며 가슴이 적당히 큰지에만 관심이 있다고 주장했다.

이 다큐멘터리에서는 6~24살 사이의 여자들이 미디어나 연예인 같은 유명 인사들로부터 받은 영향에 대해 이야기하고 있다. 그런데 이들 중 가장 나이가 어린 아이들조차도 충격적일 정도로 자신의 외모에 불만인 것으로 드러났다. 아직 초등학생인 아이들이 잡지에서 패션과 뷰티에 관한 기사를 읽을 때마다 더 날씬해지기 위해 다이어트를 하고 싶어진다고 했다. 이들 대부분이 자신은 너무 뚱뚱하다고 생각하고 있으며 몇몇은 선생님한테 어떤 다이어트를 해야 되는지 물어본 경험도 있었다.

예지(가명)는 24살이고 현재 수영복 모델이다. 그녀는 잡지에 나온 자신의 사진을 못 알아볼 때가 많다고 한다. 포토샵으로 사진을 너무 많이 수정했기 때문이다. 현재 잡지나 신문에 실리는 모델의 사진이 컴퓨터에서 대폭 수정된다는 것은 누구나 다 아는 사실이다. 따라서 사진 속의 모델들은 현실에는 없는 사람이다. 그런데 우리 딸들은 실제로 존재하지도 않는 인물처럼 되어보려 제대로 먹지도 않고 헛된 노력을 기울이고 있다.

인간이 존재함에 있어서 육체가 전부는 아니다.
- 데이브 리델, 상담 전문가

대중문화를 선택적으로 수용하라

주위 사람들과 탄탄한 유대 관계를 맺는 여자아이들은 자신의 존재가 소중히 다뤄지는 느낌을 받는다. 가족 구성원들과 강하게 연결되어 있고, 친척이나 다른 집단과 좋은 관계를 맺으며, 동아리, 스포츠 클럽, 청소년 단체에서 활발히 어울리는 딸들은 동심원을 그리듯 유대 관계를 넓혀간다. 그리고 이 과정에서 자신이 필요로 하는 소속감을 얻을 수 있다. 또, 무엇이 중요한지 직시하게 되어 한 인간으로서 자신의 소중함과 가치, 자신이 존재하는 이유나 사명감에 대해 바른 태도를 가질 수 있다. 뿐만 아니라 부모 외에도 자신에 대해 관심을 가지고 돌봐줄 어른들과 유대 관계를 맺게 된다. 딸은 그들을 통해 긍정적인 통찰력을 얻고, 어려운 상황이 발생하면 의지하게 된다.

상업 문화가 아이들에게 끼치는 영향력은 실로 어마어마하다. 상업성에서 비롯된 문화는 여자아이들이 어떤 옷을 입고 어떤 액세서리를 사용할지 결정하는 데 큰 영향력을 끼친다. 그 외에도 어떤 밴드를 좋아하고 어떤 행사에 참석해야 할지를 결정하는 데에도 관여한다. 따라서 부모들은 딸의 품위를 떨어뜨리고 자존감을 갉아먹는 '난잡한 문화'에 대해 제대로 알고 있어야 한다. 그리고 성적 매력에 미쳐 있는 이 사회에서 딸을 보호할 든든한 갑옷을 준비해야 한다. 딸의 안전을 보장해주는 일은 부모의 의무다. 딸이 마음 편하게 자란다면 성숙한 어른으로 잘 성장해나갈 것이다.

《아이 잘 키우기(Detoxing Childhood)》의 저자 수 팔머(Sue Palmer)는 여자아이들을 대상으로 한 부적절한 장난감 목록을 만들었다. 예를 들어, 6세 아이들을 위한 '비밀 데이트' 세트에는 샴페인 잔 2개, 섹시한 유아용 속옷, 미용실에서 볼 수 있는 어린이용 머리 손질 도구, 작은 손가방이 들어 있다. 수 팔머는 이 모든 것이 KAGOY 현상, 즉 요즘 마케팅 전략의 전제가 되는 'Kids Are Growing Older Younger(아이들이 조숙해지는 나이가 점점 더 어려진다)'의 일부라 주장하고 있다. 그리고 다음과 같이 덧붙였다.

"나는 아직 궁금하다. 십대도 되지 않은 딸에게 섹시한 옷을 사주고 진하게 화장하도록 허락하는 엄마들과 소리 높여 소아 성애자들을 규탄하던 사람들이 정말 동일인일까? 또, 그들이 딸과 진정으로 친밀한 유대 관계를 맺고 있을까?"

딸의 모든 걸 감시하는 슈퍼 경찰이 되어 사사건건 안 된다고 하는 부모는 바람직하지 않다. 하지만 부모는 딸이 처한 상황에 대해 늘 깨어 있으면서 딸이 나쁜 쪽으로 기울지 않고 균형을 잡을 수 있도록 안내자 역할을 할 필요가 있다.

한 지혜로운 엄마가 딸과 수영복을 사며 있었던 해프닝을 들려줬다. 그녀의 가족은 피지로 휴가를 떠나기로 했고 13살짜리 딸은 이때 입을 수영복을 사야 했다. 매장 점원은 딸에게 최신 유행하는 노출이 심한 비키니를 계속 권했다. 엄마는 십대인 딸이 휴양지에서 입기에는 노출이 너무 심하다고 판단했다. 그래서 좀 더 실용적이며 딸의 연령에 맞는 다른 수영복을 권했다. 딸이 망설이자 점원은 다시 딸을 노출이 심한 비키니가 걸린 곳으로 데려갔다. 엄마는 당황해하다가 순간 기지를 발휘했다. 딸에게 미소를 띠며 다음과 같이 말했다.

"나도 이 중에서 하나 사 입을까? 그럼 너랑 나랑 쌍둥이처럼 보일 거야!"

엄마가 농담 반 진담 반으로 던진 말을 듣고 딸은 노출이 심한 비키니를 사지 않기로 했다.

딸을 미디어의 허상에서 보호하라

아동의 성적 매력을 부각시키려는 현대 사회의 특징은 십대 소녀들과 성인 여성들을 대상으로 대중문화와 패션을 만들어 파는 기업의 경쟁에서 비롯된 것이다. 이들은 여자아이들이 십대에 이르기 전부터 자신의 브랜드에 대한 충성심을 키우도록 만들고 싶어 한다. 그래서 여자아이들의 성적 매력이 돋보이게 하는 제품을 만들어 자극한다. 이렇게 하면 당장 아이들에게 물건을 팔 수 있을 뿐만 아니라 미래의 고객을 확보하는 효과도 낳는다. 하지만 성적으로 미성숙한 아이들의 성적 매력을 부각시키는 것은 많은 부작용을 초래한다. 가장 심각한 문제는 아이들이 미디어가 만들어낸 건강하지 못한 이미지에 집착하면서 섭식 장애를 앓게 된다는 점이다.

다큐멘터리 '허세'의 제작자는 6, 7살 때부터 외모, 특히 몸무게 때문에 고민하는 여자아이들이 섭식 장애를 겪는 것과 관련된 연구 자료를 심심찮게 발견할 수 있었다고 한다. 더욱더 심각한 문제는 이와 같은 여자아이들이 모두 소아비만인 것은 아니라는 점이다. 9~12살 여자아이들을 대상으로 한 연구에 따르면, 날씬해지기를 원하는 여자아이들 중 단 15%만이 의학적 비만이라고 한다. 어린아이들 사이에서 섭식 장애가 심각할 정도로 확산되고 있음을 보여주는 또 다른 증거도 속속 나오고 있다. 섭식 장애는 치료하기 어렵고 때로는 치명적인 상태로 악화될 수 있다. 그래서 최근에는 많은 의학 전문가들과 심리학자들이 이 문제를 심각하게 받아들여 주의 깊게 관찰하고 있다.

아빠에게는 외모 지상주의를 거부할 강력한 힘이 있다

〈사춘기 건강 협회지(Journal of Adolescent Health)〉에 실린 한 논문에 따르면, 13~14살 여자아이들에 대한 한 가지 흥미로운 사실을 발견할 수 있다. 아빠가 살을 빼기 위해 다이어트를 하고 딸에게도 권할 경우 딸의 식생활에 문제를 일으키게 될 수 있다는 것이다. 딸이 지나친 속성 다이어트에 도전해 구토나 설사를 반복하는 식이 장애를 겪기도 한다.

최근 오클랜드대학교에서 '사춘기 소녀의 식습관에 미치는 아빠의 영향'에 대한 연구가 있었다. 이 연구에 따르면, 사춘기 여자아이들이 살을 빼기 위해 다이어트를 할지 말지를 결정하는 데 끼치는 아빠의 영향력은 아주 컸다. 체중 조절과 신체적인 매력을 중시하는 아빠를 둔 딸들은 먹고 토하는 식이 장애를 겪을 확률이 아주 높았다. 특히 이러한 여자아이들의 아빠는 모두 자신의 딸이 지나치게 뚱뚱하다고 생각하는 것으로 드러났다. 이 논문의 저자는 딸이 자신의 신체에 대해 어느 정도 만족하는지, 또 체중 조절에 대해 어떤 자세를 취하는지는 아빠의 태도에 따라 달라진다고 밝혔다. 아빠가 신체적인 매력과 식사 조절을 얼마나 중시하는지, 자신의 딸이 얼마나 뚱뚱하다고 생각하는지가 딸에게 지대한 영향을 줬다.

이처럼 아빠와의 관계는 딸에게 매우 중요하다. 아빠가 딸을 있는 그대로 인정하고 격려하며 사랑해주고, 긍정적인 말과 사랑이 담긴 포옹을 아끼지 않으면 잠재적으로 딸이 몸무게나 다이어트에 집착하게 될 가능성을 억제할 수 있다.

어린 여자아이들의 성적 매력을 지나치게 부각시킬 때 나타나는 또 다른 단점은 아이들이 성범죄에 노출되는 것이다. 물론 전적인 잘못은 아이들을 대상으로 성범죄를 저지르는 사람들에게 있다. 하지만 공공연하게 아동의 성적인 매력을 강조하는 마케팅을 벌이는 시대적 분위기 탓에 아동을 성적 대상으로 보는 것에 대한 사회적 금기가 깨지고 있는 것이 사실이다.

딸에게 현실적인 사랑을 가르쳐라

안타깝게도 여자아이들이 성과 관련해 부모나 선생님으로부터 듣는 이야기는 '안전' 문제가 전부일 때가 많다. 오늘날 부모들이 아이를 양육하며 받는 가장 큰 도전 중 하나는 사랑, 친밀함, 충성과 성을 연결하는 것이다. 오늘날 영화나 인터넷에서 묘사되고 있는 것과는 달리 대부분의 여성들은 피상적이고 일시적인 관계에서 행복을 느끼지 못한다. 여성들은 본질적으로 친밀함과 헌신에 대한 욕구가 강하다. 하지만 현대 사회에서는 이와 같은 욕구를 거슬러 살아가는 여자들의 슬픈 이야기를 자주 듣게 된다. 이들은 하룻밤 연애나 성욕을 해소할 대상으로 취급받다가 결국 버림받는다. 현대 사회에서는 남자친구나 남편을 선택할 때 정확하고 많은 정보를 얻을 수 있다고 알려져 있다. 하지만 막상 현실을 보면 꼭 그렇지만도 않다. 우리 세대는 딸을 감정적으로 양육하는 기능이 있는데 불행히도 감정은 거짓말을 하기도 한다.

잡지사는 유명 인사들의 화려한 연애 경력을 멋지게 포장한 기사를 싣는다. 이러한 글에는 여러 명의 연인들과 헤어지고 만나는 과정이 이상적으로 그려져 있다. 깨어진 관계 속에서 거부당할 때 여성들이 입는 치명적인 상처에 대해서는 거의 언급이 없다. 명성과 부를 유일한 목표로 삼으면 거짓된 위로가 되기 쉽다는 것을 잊지 않아야 한다.

항상 딸을 높이 평가해 딸 스스로 자신을 소중히 여기도록 만들어야 한다. 부모는 딸이 안전하게 다양한 우정을 쌓도록 도와주고, 스스로 규율을 정하고 지키는 모습을 보여줘야 한다. 그리고 남자친구나 남편을 선택할 때 무엇보다 인격을 중시하도록 가르쳐야 한다. 또, 딸이 남자친구와 건강한 우정을 쌓고 풍요로운 교제를 나눌 수 있도록 부모 자신의 우정과 사교 생활을 통해 좋은 본보기를 보여야 한다. 부모의 삶에서 진실한 사랑과 서로 믿어주는 아름다운 관계가 드러나고 그것을 옆에서 지켜본 딸이 진정으로 가치 있는 삶의 목표를 세울 수 있게 된다면 가장 이상적일 것이다.

딸 잘 키우는 tip

딸이 성장할 때 가장 필요한 것은 소중히 다뤄지며 안전을 보장받는 것이다. 부모는 외모를 중시하는 경향이 지배하는 분위기로부터 딸을 보호해야 한다. 많은 여자아이의 내면에서 사회적으로 인정받을만한 외모인지를 평가하는 목소리가 쉴 새 없이 들리고 있다. 딸이 비정상적으로 외모에만 집착하지 않게 하려면 부모의 지도와 격려가 중요하다.

딸이 천진한 어린 시절을 보낼 수 있게 하라

어떻게 하면 딸이 천진난만하고 생기발랄한 어린 시절을 보내도록 도와줄 수 있을까? 부모에게 가장 어려운 일은 문화의 해로운 요소로부터 딸을 보호할 수 있는 안전한 피난처를 제공하는 것이다. 딸이 사회에 유행하는 해로움으로 가득한 시간으로부터 잠시 떠날 수 있는 이벤트를 해주자. 가족들과 캠핑 가기, 할머니댁 방문하기, 사촌 동생들과 놀기, 가족 전통 행사나 축하 파티하기, 가족 신문 만들기 등은 어린 시절의 안전한 피난처가 될 수 있다. 딸의 생일 파티는 우정에 초점을 맞춰 소박하더라도 정성 들여 열어주자. 어른들이 즐기는 것처럼 딸의 나이에 적절하지 않은 이벤트를 준비해주려 애쓸 필요가 전혀 없다.

어릴 때부터 컴퓨터와 텔레비전 사용 시간을 조절하는 일은 매우 중요하다. 5~6살이 되면 텔레비전 시청 시간을 30분 정도만 허용하면서 시작해보자. 컴퓨터도 일주일 중 정해진 요일에만 잠깐씩 이용하게 하자. 이렇게 하면 딸은 컴퓨터가 삶의 일부일 뿐이지 삶을 지배하는 것은 아님을 깨닫는다.

하루 종일 텔레비전을 틀어놓는 가정이 있다. 그런데 몇몇 연구에 따르면, 배경음처럼 깔리는 텔레비전 소음이 ADHD의 원인이 될 수 있다고 한다. 딸에게 꼭 필요한 것은 평화로운 시간, 조용한 공간, 창의적인 놀이, 차분한 독서와 같은 것이다. 이러한 것이 허용되는 집안 분위기를 만드는 일은 부모의 몫이다. 또, 딸을 걱정하는 부모라면 저속하고 노골적인 광고와 잡지 포스터가 만드는 사회적인 분위기에 대해서도 목소리를 높여 반대하자.

마케터들은 많은 시간을 함께 보내지 못해 미안해하는 부모의 심리를 이용하기 위해 아이들에게 모든 관심을 집중한다. 마케터의 표적이 된 아이들이 부모를 졸라 물건을 사게 만들 뿐만 아니라 어릴 때부터 특정 브랜드에 대한 충성심을 키우게 한다. 마케터들이 이들에게 전하려는 메시지는 단 한 가지다.
"너라는 존재는 네가 소유한 물건이나 마찬가지다."
기업은 아이들을 거리 홍보 요원으로 이용하기도 하고, 최신 유행에 대해 보고하고 그들의 상표를 입소문 내라고 돈을 주는 경우도 있다. 월마트는 홈페이지를 통해 아이들에게 이메일을 보내는 방법을 가르쳐준다. 그런데 부모에게 보내는 이 특별한 이메일에는 자신이 원하는 크리스마스 선물 목록이 들어가 있다. 광고 회사는 최신 피규어를 선전하기 위해 십대들이 열광하는 콘서트나 아이들에게 인기 있는 웹사이트를 이용하기도 하고, 인기 프로그램 진행자에게 피규어가 그려진 옷을 선물하기도 한다.

- 〈타임〉지

이전 세대와 요즘 세대의 차이

여성들은 가치를 소중히 여기고 양육자로서 아이들을 통해 미래를 보려는 경향이 있다. 때문에 여성들은 종종 더 나은 미래를 위해 사회적 대의명분을 지키려고 싸운다. 또한, 선을 위해 네트워크를 형성하는 여성 특유의 직관과 능력을 활용한다.

옛날 여성들은 어렸을 때부터 좋은 성품을 갖추도록 격려하는 사회 분위기 속에서 성장했다. 하지만 요즘 사회 분위기는 인격보다는 외모를 높이 평가하는 경향이 있고, 여자아이들도 그러한 분위기에 서서히 물들어가는 중이다. 한두 세대 전의 문학에 대해 생각해보자. 제인 오스틴이나 루이자 메이 알코트의 작품과 요즘 여성들이 즐겨보는 드라마인 '섹스 앤 더 시티'는 보는 이로 하여금 전혀 다른 체험을 하게 만든다. 최신 드라마 주인공들은 좋은 성품이나 도덕성을 중시하기보다는 자기감정에 충실하다.

대중 매체는 본질적으로 사람들의 감각에 호소해 마음을 사로잡으려 한다. 텔레비전이나 잡지에서 흘러나오는 이야기나 그것이 전하는 충격을 제대로 해석하고 중화시켜줄 어른이 없으면 어떻게 될까?

여자아이들은 낭만적인 기질 때문에 대중 매체가 전하는 가짜 진실을 그대로 받아들이게 될 가능성이 크다. 딸이 사춘기에 접어들어 인생의 의미에 대해 깊이 생각하기 시작하면 도덕적인 기준과 규칙을 세워갈 필요가 있다. 하지만 대중 매체는 사춘기 여자아이들의 이와 같은 상황을 전혀 고려하지 않는다.

스마트 기기를 대하는 부모의 자세

딸이 원한다면 언제든 부모에게 메시지를 보낼 수 있다. 다만, 부모가 새로운 기술로부터 압박을 느끼지 않고 삶의 질을 향상시켜줄 도구로 잘 활용할 수 있는지가 관건이다. 현대 사회에서 스마트폰은 서로를 받아들이는 새로운 도구가 되고 있다. 이를 악용해 친구를 협박하거나 집단으로 따돌리기도 한다. 이와 같은 현상은 남자아이들보다 여자아이들에게서 훨씬 심하다. 여자아이들은 관계를 중시해 따돌리거나 거부하는 메시지를 훨씬 심각하게 받아들이며 몇 번이고 곱씹어보기 때문이다. 그리고 자신의 어떤 면 때문에 상대방이 그러한 메시지를 보냈는지 곰곰이 생각하기 시작한다. 남자아이들이라면 대부분 "바보 같은 놈!" 하고 한 마디 할 뿐이다. 하지만 여자아이들은 메시지의 내용을 머릿속에서 녹음기를 틀어놓았을 때처럼 되새긴 뒤 그 말의 배경이 된 이유를 찾으려 한다.

딸이 휴대폰을 사용하기 시작할 때 부모는 철저한 보호자가 될 필요가 있다. 처음에는 가족 공용 휴대폰을 주어 부모가 정기적으로 메시지를 확인하면 좋다. 스팸 메시지에 지혜롭게 대처할 수 있도록 돕기 위해서다. 그리고 좀 더 자라 개인 휴대폰을 쓰게 되면 스스로 사용 규칙을 정하게 해야 한다. 더불어 휴대폰 요금이나 기계 관리에 대해서도 어느 정도 책임을 지게 한다.

자녀가 어릴 때부터 가정 분위기 속에서 분명히 익혀야 할 것이 있다. 컴퓨터, 텔레비전, 전화 등의 사용이나 온라인 게임은 당연한 권리가 아니라 허락받고 사용해야 할 특권이다. 그리고 이러한 것에 대한 자녀의 접근을 통제할 권리는 부모에게 있다. 자녀가 어느 정도 자라면 다음과 같이 말해보자.

"인터넷과 전화는 허락받고 사용해야 할 특권이야. 이 특권은 너를 신뢰할 때만 줄 수 있단다. 그리고 신뢰는 모든 것을 공개하는 투명함이 있을 때에만 생기는 거야. 그러니까 네가 인터넷과 휴대폰을 사용한 기록이나 메시지를 엄마가 수시로 점검해도 되지?"

실천하기

딸을 위한 스마트폰 예절

♡　영화 볼 때, 식사할 때, 잠잘 때에는 휴대폰을 꺼둔다.

♡　모든 메시지에 즉시 답할 필요는 없다. 스스로 기준을 정하되, 다른 사람들에게도 빨리 대답할 것을 요구하는 메시지를 보내 괴롭히지 말아야 한다.

♡　다른 사람과 대화하는 도중에 메시지를 읽거나 보내지 않는다. 함께 있지만 마음이 다른 데 가 있으면 상대방의 기분이 상할 수 있다.

♡　'사랑해' 혹은 '보고 싶어'라는 메시지를 보내면 실제로 만났을 때 사이가 더 좋아지는 효과가 있다. 하지만 '다시는 만나지 말자'와 같은 통보를 문자로 하는 것은 예의에 어긋나는 일이다.

대중 매체와 스마트 기기에 대한 기본 원칙을 세워라

첫째, 대중 매체는 부정직하고 위험해서는 안 된다. 둘째, 첨단 기기는 활동적인 놀이, 독서, 집안일, 휴식 등이 어우러진 균형 있는 삶의 작은 일부가 되어야 한다. 셋째, 가족 모두가 우선시해야 할 중요한 시간이 있다는 것을 딸에게 확실히 알려줘야 한다. 예를 들어, 식사 시간은 다른 어떤 일보다 중요하다. 이 시간에 가족들은 텔레비전과 컴퓨터를 끄고 식탁에 앉아 서로 대화하며 밥을 먹어야 한다. 물론 휴대폰으로 문자를 보내서도 안 된다. 즉, 대중 매체와 스마트 기기를 멀리하고 오로지 식사와 대화에만 집중하는 시간이 되어야 한다. 숙제할 때, 집안일할 때, 손님을 맞을 때 등도 이와 비슷한 규칙을 적용해야 한다.

흔히 '할머니의 공식'이라 부르는 원칙이 있다.

"네가 해야 할 일을 다 했다면 원하는 것을 할 수 있다."

이는 아이를 키우는 부모나 조부모가 기준으로 삼아야 할 원칙으로 다음과 같이 적용하면 된다.

"숙제를 다 했니? 좋아. 그럼 컴퓨터를 해도 돼."

"목욕 다 하고 나면 동영상 틀어줄게."

"컴퓨터를 해도 좋아. 하지만 우선 밥을 다 먹어야 해."

유아기의 지나친 대중 매체 노출은 금물

유아기 때 '사이버 베이비시터' 역할을 하는 동영상을 가끔 보여준다고 해서 딸을 망치지는 않는다. 하지만 이러한 대중 매체가 생각하거나 말하는 법을 가르쳐주지 않는다는 사실은 분명하다. 이 전자 기기용 대중 매체가 서서히 아이들에게 빼앗아가는 것 중 가장 중요한 것은 시간이다. 아이들은 이 시기에 다른 사람들, 특히 부모와 상호 작용하며 중요한 발달 과정을 거쳐야 한다. 그런데 동영상을 지나치게 많이 보는 아이들은 소중한 시간을 대중 매체 앞에서 헛되이 보내게 된다. 유아기 아이들의 두뇌와 신체를 발달시키는 데 가장 좋은 것으로 판명된 방법은 다른 사람들과 얼굴을 맞대고 상호 작용하는 것이다. 즉, 이 시기의 딸들에게는 함께 놀아주고, 노래하고 춤추며 이야기 나누는 시간이 필요하다.

딸 잘 키우는 tip

♡ 가족 모두 휴대폰을 끄는 시간을 가진다. 이 시간에는 엄마, 아빠도 휴대폰을 사용하지 않는다. 식사 시간이나 오후 8시 이후에는 가족 모두 휴대폰을 정해진 바구니에 넣어두는 것도 좋다.

♡ 딸이 휴대폰을 가지고 싶어 하면, 앞으로 휴대폰을 어떻게 사용하고 휴대폰 비용은 어떤 식으로 얼마나 책임질 것인지에 대해 계획서를 작성하게 한다.

사이버 폭력으로부터 딸을 보호하라

부모로부터 아무런 제재를 받지 않고 아이 마음대로 인터넷을 하게 두는 것은 위험하다.

- ○ SNS나 메시지는 아이들 사이에서 친구를 괴롭히고 따돌리는 수단이 되기도 한다.
- ○ 많은 아이들이 온라인에서 알게 된 사람들과 현실 세계에서 불건전하고 어리석은 만남을 가진다.
- ○ 많은 여자아이들이 게임 아이템을 사기 위해 부모의 신용카드를 사용하는 것으로 드러났다.

실천하기
딸의 인터넷 및 대중 매체 사용에 대한 기준

♡ 가족 모두가 사용하는 공간에 컴퓨터를 둔다. 딸이 컴퓨터를 사용하는 모습을 언제든 지켜보기 위해서다. 또 다른 컴퓨터가 있다면 그 컴퓨터에는 인터넷을 설치하지 않거나 암호를 걸어둔다. 침실에는 컴퓨터나 텔레비전을 두지 않는다.

- ♡ 유해 사이트 접근 방지 프로그램을 깔아놓는다.
- ♡ 딸이 방문할 수 있는 사이트를 제한한다. 허락되지 않은 사이트를 방문하고 싶어 하면 부모가 옆에서 지켜보도록 한다. 딸에게 허락되는 사이트의 링크를 즐겨찾기에 걸어두는 것도 좋은 방법이다.
- ♡ 딸과 함께 SNS 안전 사용 수칙을 읽고 자세히 설명해준다. 모르는 사람의 친구 요청을 거절하고, 무고한 사람을 향한 악플 같은 것은 사이트 관리자에게 신고하도록 가르친다.
- ♡ 자신의 SNS 게시물을 아는 사람들만 볼 수 있게 하도록 가르친다. 딸이 가진 주소록을 확인해 위험하거나 낯선 사람은 없는지 확인한다. 딸의 게시물은 주소록에 있는 모든 사람들이 볼 수 있다는 것을 알게 한다.
- ♡ 딸이 이용하는 SNS에 가입해 딸과 딸 친구들이 올린 게시물을 읽어본다. 딸에 대해 많은 것을 알 수 있게 된다.
- ♡ 딸을 위해 가족 전체가 지켜야 할 텔레비전 및 컴퓨터 사용 규칙을 만든다. 그리고 항상 가족 규칙을 지킬 것을 강조한다.
- ♡ 서로 비슷한 가치관을 지닌 다른 가족들과 가족 규칙에 대한 이야기를 나누고, 우리 집의 규칙이 비슷한 환경의 다른 가정에서도 사용되는 보편성을 지니게 한다. 예를 들어, 다른 집에서 하듯이 '텔레비전 시청은 한 번에 30분씩 일주일

에 2번' 허락하는 규칙을 정한다.

♡ 딸이 학교에 다니기 시작하면 텔레비전이나 컴퓨터 사용에 대한 가족 규칙을 정한 뒤 이것을 문서로 만드는 일에 참여시킨다.

딸이 지나치게 이상에 빠지지 않게 하라

자녀들은 대중 매체나 인터넷과 같은 가상의 세계가 아니라 현실에서 살아야 한다. 아이들은 유연한 존재라 어린 시절 어떤 영향을 받는지에 따라 쉽게 변한다. 어린 시절에는 누구나 순수하고 상처받기 쉽기 때문에 부모의 보호가 절대적으로 필요하다. 부모는 자신이 용납할 수 없는 것에 자녀가 물들지 않게 해야 한다. 부모에게는 자녀가 평생 지니게 될 가치와 지혜를 가르칠 수 있는 특권이 있다. 따라서 부모가 자녀에게 가르치고자 하는 메시지를 희석시키거나 반대하는 것은 무엇이든 경계하고 조심해야 한다.

대중 매체가 딸에게 보여주는 세상은 부모가 꿈꾸는 것과 다를 때가 많다. 딸이 대중 매체 속에서 만나는 사람들은 매력적인 외모를 지녔으며 친구도 많고 성공한 사람들이다. 소설이나 노래 가사뿐만 아니라 다양한 광고에서 이러한 주인공들을 중심으로 물질주의나 성생활이 강조되면서 그와 관련된 가치가 전파되고 있다. 하지만 대부분이 아주 해롭거나 쓸모없는 가치다. 한 연구에 따르면, 아이들은 나쁜 주인공들이 웃기고 재밌게 이야기하는 만화 영화로부터 큰 영향을 받는다고 한다. 나쁜 주인공들은 악당 특유의 과장된 말투로 이야기하기 때문에 아이들은 그들의 말을 쉽게 기억하고 배운다.

여성을 존중하는 모습을 보여라

가정에서 기준을 세울 때 자신의 마음에서 들려오는 소리에 귀를 기울여야 한다. 예절에 대한 부모의 생각이나 취향이 텔레비전 제작자의 도덕관과 갈등을 일으키더라도 당황하지 않도록 한다. 다음과 같은 장면을 상상해보자. 아이 방에 들어갔더니 자녀들이 뮤직비디오를 보고 있다. 노출이 심한 여자들이 계속 나오는 바람에 눈살을 찌푸리지 않을 수 없다. 그럴 때는 화면 앞으로 가서 "여자로서 이 뮤직비디오는 정말 불쾌하구나. 다른 것을 보거나 끄는 게 어떻겠니?" 하고 말한다. 그러면 아이들은 "이건 그렇게 야한 거 아니에요."라고 반박할지 모른다. 이때 부모가 "야한 건 어떤 거니?"라고 반문하면 아이들은 '야한 것'에 대한 논쟁에 말려들고 싶지 않아서라도 텔레비전을 끄거나 채널을 돌릴 것이다. 아빠로서 다음과 같이 말해도 좋다.

"○○아, 아빠는 여성을 존중하려고 노력 중이야. 그런데 이 비디오가 그걸 방해하는 거 같아. 아빠를 위해 끄는 게 어때?"

자녀들이 보고 있는 영상에 대해 부모가 반응을 보일 때 아이들은 부모의 기준이 무엇인지 파악할 수 있다. 특히 부모 스스로 영상물에 대한 바른 안목을 가지려 노력하는 모습을 보이면 효과가 더욱 크다. 부모가 먼저 스스로의 기준에 따라 영상물을 검열해서 보게 되면 자녀에게 주려는 메시지는 더욱 일관되고 확실해진다.

친구 집에서 일어나는 일에 대해 관심을 가져라

마이클 거리언은《여자아이 심리백과》에서 8살 난 딸에 대한 이야기를 하고 있다. 딸이 친구 집에서 영화 '매트릭스'를 보고 왔다. 딸이 그 친구 집에서 영화를 보고 온 것은 이번이 두 번째였다. 딸을 사랑하는 아빠이자 심리학자로서 거리언은 딸이 본 영화가 두뇌 발달 단계상 위험한 영향을 끼칠 것이라 판단했다(딸이 그전에 본 영화는 '미이라'였다). 그는 딸 친구의 부모와 이 문제에 대해 이야기를 나눴다. 하지만 그들은 청소년 자녀들이 영화를 볼 때 자연스럽게 어린 딸들도 함께 보게 되는 거라 단속하기 어렵다고 말했다. 결국 딸이 친구 집에 놀러

가겠다고 고집을 부리는데도 불구하고 친구와 노는 것은 자신의 집에서만 가능하도록 했다. 그는 자신이 딸에게 규칙을 만드는 괴물처럼 보일 수도 있겠지만 당시 딸의 나이와 발달 단계를 고려했을 때 최선의 선택이라 확신했다.

"이야기(대중 매체, 책, 영화, 뮤직비디오)의 세계는 아이들이 고스란히 영향을 받는 곳이다. 아이들은 16살이 될 때까지 감정과 도덕을 담당하는 두뇌 영역이 완전히 발달하지 않는다. 따라서 이 시기까지 아이들이 접할 이야기 세계에 대해서 부모가 아무리 주의를 기울여도 지나침이 없다. 부모는 아이에게 진정으로 가치 있는 이야기가 무엇인지 생각해야 한다. 7~8살 무렵의 아이들은 '매트릭스'의 폭력적인 장면을 영화 전체가 전하려는 도덕적인 메시지와 연계해 이해할 만큼 추상적인 사고 능력이 없다. 대부분의 영화는 이 나이 또래 아이들에게 좋기보다는 해로울 때가 많다. 부모는 이 시기의 자녀가 보는 책이 해롭지 않을 정도로 창의적이고 상상력이 풍부한 작품인지 살펴봐야 한다. 즉, 모욕적인 성 묘사, 폭력이 없어야 하고, 복잡하고 비도덕적인 결론이 있는 것은 지양해야 한다."

가족이 함께 보내는 시간이 필요하다

현대의 과학 기술은 지구 반대편에 사는 사람들을 서로 연결시켜주기도 하지만, 같은 장소에 있는 사람들을 떨어뜨려놓기도 한다. 요즘 대중 매체의 흥미로운 특징 중 하나는 가족들이 각자 자신만의 오락거리를 즐기게 만든다는 것이다. 부모 세대는 흑백텔레비전 앞에 온 가족이 모여 같은 프로그램을 보며 자랐다. 하지만 오늘날 아이들은 컴퓨터나 텔레비전에서 자신만이 즐기는 프로그램이 있고 자신의 스마트 기기로 그 프로를 감상한다. 설령 온 가족이 같은 거실에 모여 있다 해도 한 사람은 컴퓨터 앞에 있고, 한 사람은 스마트폰으로 음악을 듣고, 나머지 사람들은 게임을 하거나 텔레비전을 본다.

십대의 탈선 방지에 대한 최신 연구에서 놀라운 사실이 밝혀졌다. 청소년들이 나쁜 행동을 하지 않도록 막아주는 것은 가족을 실망시킬지도 모른다는 생각이라고 한다. 딸이 모든 짐을 내려놓고 충분히 이해받으며 즐거워할 수 있는 가정 분위기를 만들어보자. 이는 딸이 외부의 저속한 가치관에 휩쓸리지 않도록 보호해줄 수 있는 가장 좋은 방법이다. 우선, 즐거운 소통에서부터 시작한다. 딸이 자라는 동안 부모가 보여준 사랑과 신뢰는 외부의 어떤 압력보다 강한 힘을 가진 유대감을 형성한다.

식사 시간은 가족 모두 어울려 토론하고, 이야기를 들려주고, 질문하는 시간이 되도록 한다. 식사 시간을 가족 간의 대화의 장이자 친밀한 장소로 이용하는 가정에서 자라지 않은 부모라 하더라도 자신의 세대부터 그러한 가정을 만들려고 노력하자. 저녁 식사 시간에 아이들에게 책을 읽어주고 그것에 대해 질문하는 것부터 시작해볼 수 있다. 다음과 같은 질문을 던지면서 대화의 물꼬를 터본다.

- 살아가기 위해 꼭 필요한 한 가지는 무엇일까?
- 네가 보낸 하루에 대해 이야기해볼래?
- 네가 정말 하기 싫은 일이 무엇이니?
- 우리 집에서 네가 가장 좋아하는 곳이 어디야? 그 이유는 뭐니?
- 네가 존경하는 사람은 누구니?

아이들은 부모가 자신의 생각에 관심이 있는지 알고 싶어 한다. 특별한 이유가 없는 한 모든 식구가 식사를 함께하도록 정해두면 부모는 매일 자녀와 얼굴을 맞대고 대화를 나누며 아이들의 생각에 관심을 보일 수 있다. 식사 시간에 온 가족이 대화를 나누는 과정을 통해 자녀를 이해하고 부모로서의 통찰력을 자녀에게 전할 수 있다.

자녀들이 식탁 앞에서 깨작거리거나, 텔레비전을 보며 식사하거나, 혼자 냉장고에서 먹고 싶은 것을 꺼내 먹도록 내버려두면 어떻게 될까? 자녀와 친밀한 유대를 맺고, 그들에게 규칙에 대해 가르치기 위한 싸움에서 패자가 되고 말 것이다. 반대로 자녀가 식사 예절(밥을 먹으라고 부르면 바로 식탁으로 올 것, 저녁을 밖에서 먹을 경우 반드시 전화로 미리 알릴 것 등)을 제대로 익히게 되면 그 가정은 많은 면에서 제대로 굴러가게 된다. 식사 자리야말로 가족 간 의사소통의 중심이기 때문이다. 식사 시간은 세대 간의 지혜를 전해줄 수 있는 시간이자, 자녀의 일과에 대한 이야기를 들으며 힘든 하루를 보냈다면 따뜻한 위로를 건네며 회복시켜줄 수 있는 시간이기도 하다.

딸 잘 키우는 tip
집안의 대중 매체 문화를 예의 주시하는 방법

- ♡ 자녀가 자라면 밖에서 뛰어논 시간에 따라 컴퓨터나 그 외의 미디어 기기 사용 시간을 허락해준다. 밖에서 1시간 놀 때마다 30분을 허락하는 식이다.
- ♡ 딸이 스마트 기기를 통해 본 것을 저녁 식탁이나 침대 머리맡에서 나누는 대화의 주제로 삼는다. 처음에는 딸에게 줄거리를 기억해 이야기하게 하고, 등장인물과 그들이 내린 결정에 대해 이야기 나눈다. 딸에게 비판적으로 사고하도록 가르친다. 즉, 이야기를 그대로 받아들이지 않고 질문을

던지는 습관을 가지게 하는 것이다.

♡ 매일 30분씩 독서할 시간을 가지는 것을 가족 규칙으로 삼는다. 딸에게 먼저 책을 읽어주고 그다음에는 딸이 부모에게 읽어주게 한다.

♡ 딸에게 매주 텔레비전 시청 시간을 정해주고 그 시간을 어떻게 사용할 것인지 함께 계획을 세운다. 이것을 통해 딸은 텔레비전에서 보는 것을 그대로 받아들이지 않을 수 있는 통찰력을 키울 수 있다. 또, 부모는 딸이 보는 것을 관찰하고 개입할 수 있다.

♡ 딸을 해로운 대중 매체로부터 보호하는 것은 저절로 되는 일이 아니다. 부모의 지속적인 관심과 노력이 필요하다. 딸과 스마트 기기를 다루고 즐겨보자.

♡ 먼저 말을 걸고 물어본다. 아이들은 말을 꺼낼 계기가 필요하다. 딸에게 스스로 자신에 대해 이야기를 할 기회를 주기 위해 먼저 적절한 질문을 던져보자.

♡ 집에서 친구들과 영화 보는 밤을 정한다. 딸에게 영화표를 만들고 팝콘과 같은 간식을 준비하게 한다. 이 일이 주는 즐거움의 절반은 준비하는 과정에 있다. 영화는 어린이도 관람 가능한 것인지 반드시 확인한다.

♡ 특이한 추억이 멋진 추억으로 남을 수 있다. 매일 일상적으로 반복되는 일을 살짝 비틀어 변화를 주자. 가끔 식사 순

서를 거꾸로 해보거나, 그릇이나 장식을 낯설고 신기한 것
으로 바꾸어볼 수도 있다.

♡ 아이 뒤를 쫓아다니는 것은 아이와 함께 뛰어다니는 것과
다르다. 아이와 뛰어다니며 놀아보자. 가끔은 잠시 멈춰 바
닥에 앉아서 놀 수도 있다. 저녁 식사 후 거실에 담요로 집
을 만들어 그 안에서 딸과 함께 티 파티를 열거나 보드게임
을 한다.

♡ 부모가 먼저 활발한 활동을 한다. 이를 통해 딸을 다양한
취미, 운동, 여가 활동의 세계로 이끌 수 있다. 일주일 중 며
칠은 텔레비전을 보지 않는 날로 정하고, 저녁 8시 이후에
는 휴대폰을 사용하지 않도록 규칙을 정한다.

현대 문화의 해로움으로부터 딸을 보호하려면…

- 미디어가 가정에 전하는 메시지에 대항할 수 있는 구호를 가정 안에 내건다.
- 딸의 외모가 아닌 인격에서 아름다움을 발견하고 칭찬한다.
- 멋진 외모나 옷차림이 아닌 성품이 좋은 친구를 높이 평가하는 본보기를 보인다.
- 자신이나 딸의 외모에 대해 지나치게 걱정하거나 관심을 보여 자기도 모르게 '살을 빼라'는 메시지를 보내지 않도록 주의한다. 딸은 엄마의 행동에서 메시지를 받아 자신의 습관으로 만들기 쉽다. 그리고 아빠의 생각이나 의견에 아주 민감하게 반응한다.
- 딸에게 '성'과 관련된 안전한 수칙뿐만 아니라 진정한 사랑에 대해 가르친다.
- 개인적인 생활 규칙을 세우고 지키는 방법을 가르친다.
- 딸이 물질주의적이고 상업적인 현대 문화로부터 벗어나 가족과 함께 보낼 시간을 만들어주고 가정이 안전한 피난처가 되도록 한다.
- 컴퓨터를 비롯한 스마트 기기를 지혜롭게 사용하고 기초적인 규칙을 세운다.
- 모든 여성과 여자아이들을 존중하는 태도를 보인다.

정신 의학은 두 가지 기본적 심리 욕구와 관련 있다. 하나는 사랑하고 사랑받으려는 욕구이고, 나머지 하나는 스스로나 다른 사람에게 가치 있는 존재로 느껴지고 싶은 욕구다.

윌리엄 글래서, 현실 치료의 창시자

아이가 태어나면 부모는 그 아이를 가족, 역사, 공동체에게 내줘야 한다. 왜냐하면 아이는 이 모든 것의 관계 속에서 인생을 알아가기 때문이다. 또, 세상을 바라보는 건강한 시각, 도덕적인 목표 의식, 선에 대한 개념을 갖추게 해야 한다. 무엇보다 자녀를 위해 기꺼이 시간을 투자할 수 있어야 한다.

켄트 너번, 《단순한 진리》

06
CHAPTER

딸은 건강한 가정 안에서 잘 큰다

어린 시절은 너무 빨리 지나간다. 딸이 어른이 되었을 때 깨끗이 정돈된 장식장이나 비싼 커튼 같은 것은 기억에서 사라질지 모른다. 하지만 어느 날 예고 없이 다녀온 가족 나들이, 저녁 식사 후 술래잡기, 금방 딴 꽃으로 만든 꽃다발을 건네줄 때 부모의 얼굴에 번지던 미소는 잊지 못할 것이다.

아이들은 사랑을 보고 배운다. 따라서 부모는 아이들에게 무조건적인 수용, 따뜻한 반응, 소속감이 무엇인지 보여줄 필요가 있다. 뿐만 아니라 딸이 가족의 일원으로서 소중히 여겨진다고 느끼게 해야 한다. 딸이 구성원으로 속하게 되는 가족은 지지하는 기준과 규칙이 확실해야 한다는 것을 기억하자.

대화의 부재는 무관심에서 비롯된다

오늘날 많은 사람들이 양육을 일종의 관리로 간주한다. 요즘은 맞벌이를 하는 부모가 많고 각자의 커리어를 중요하게 여기기도 한다. 그렇기 때문에 양육이라는 문제는 이러한 바쁜 일상 속에 불쑥 끼어든 문젯거리처럼 되는 경우가 많다. 하지만 양육은 '오늘의 할 일'의 한 항목처럼 처리되거나 주변 사정에 맞게 이리저리 조절할 수 있는 게 아니다. 특히 딸을 양육할 때는 많은 대화와 친밀한 유대가 필요하다.

    딸을 훌륭하게 키우는 것은 다음 세대는 물론이고 그다음 세대들에게까지도 큰 영향을 끼친다. 딸이 함께 웃어주고 칭찬해주는 부모 밑에서 자라며 평생 원칙으로 삼을 윤리를 배우고 기량을 쌓으면 자신이 받은 것 이상으로 베풀 수 있는 사람이 될 것이다. 나아가 자신의 자녀들에게 의미 있는 삶을 살아가는 데 필요한 기본 요소를 전해주는 부모가 될 것이다.

건강한 가정은 어떤 모습일까?

전문가들의 의견에 따르면, 긍정적인 아이들은 행복이 충만한 인생을 사는 가정에서 자란 경우가 대부분이라고 한다. 부모가 좋은 친구가 많고 즐거운 취미 생활을 갖고 있으며 다른 사람을 돕기 좋아하는 열정이 넘치는 삶을 살면, 아이는 그것을 보고 배우는 것만으로도 소중한 유산을 받은 셈이다.

    의미 있는 삶을 살아가는 데 필요한 기본 요소를 가르쳐주지 않은 채 딸을 세상의 중심으로 여기며 사랑하는 것은 위험하다. 어떻게 하면 행복이 충만한 삶을 살 수 있는지 딸에게 가르쳐주지 않은 것과 같기 때문이다. 긍정적이고 낙관적인 부모들은 자신이 삶에서 느끼는 기쁨과 환희를 딸에게 전할 수 있다. 딸은 부모가 삶에서 즐거운 순간과 고통스러운 순간에 어떻게 대처하는지 보면서 인생을 살아가는 방법을 배운다. 긍정적인 부모는 딸의 가장 좋은 스승이 되어 훌륭한 가르침을 줄 수 있다.

딸 양육에는 '소통과 즐거움, 가족 규칙, 미덕'이 필요하다

양육은 다리가 세 개인 의자와 같다. 의자가 안정되게 서 있으려면 세 다리의 길이가 똑같아야 하는 것처럼 양육도 마찬가지다. 양육을 받쳐주는 세 다리 중 첫 번째는 소통과 즐거움이다. 두 번째는 규칙과 기준 같은 관리 체계이고, 세 번째는 미덕을 가르쳐 좋은 인격을 갖추게 하는 것이다. 부모가 이 중 한 개 혹은 두 개의 다리만 가지고 딸을 양육하게 되면 어느 정도 부모 말에 협력하는 딸로는 키울 수 있을지 모른다. 하지만 부모가 딸의 마음을 얻거나, 딸 스스로 인생을 헤쳐 나가며 자기 목소리를 내기 위해 필요한 능력을 갖추는 데는 어려움을 겪을 수 있다.

가족에게는 많은 즐거움과 사랑이 필요하다. 웃음, 함께하기, 가족 여행, 기념일 파티 등은 가족 간의 유대를 이어주는 끈끈한 줄이다. 이러한 것을 통해 사람들은 자신이 더 큰 무언가에 소속되어 있고 의미 있는 존재라는 느낌을 받는다. 또한, 여자아이들이 본질적으로 갈망하는 공동체의 유대가 탄탄해진다. 지혜로운 부모는 사소하고 귀찮은 집안일도 즐겁게 만들 수 있다. 자녀에게 나이에 적절한 일을 시키면서 "우리 집에서는…"라며 대단한 일을 허락하듯 말해본다.

"우리 집에서는 3살이 되면 자기 침대 정리를 해도 좋단다."

"우리 집에서는 말이야. 4살이면 식기세척기에서 그릇을 꺼내도 되고, 5살이면 식탁에 수저를 놓고 음식을 가져다 놓는 일을 해도 좋단다."

딸은 기쁜 마음으로 허락받은 일이 모두가 귀찮아하는 집안일이라는 사실을 6~7살쯤 되면 알게 될 것이다. 하지만 그때는 이미 가족의 일원으로서 몇 가지 집안일을 도맡게 된 이후다.

딸에게 자기 방을 청소하라고 하면 내키지 않아 할 수 있다. 하지만 딸이 가장 좋아하는 노래를 틀어놓고 "이 노래가 끝날 때까지 방을 깨끗하게 만들어볼까?"라고 제안해보자. 딸은 이를 함께해야 할 과제로 받아들이고 기꺼이 달려들 것이다. 딸에게 있어 부모는 커다란 위인과 같다. 이러한 환상은 11살이나 12살쯤 되면 사라진다. 그러니 환상이 살아 있을 때를 잘 이용해보자.

아이들이 아주 어렸을 때부터 집안일을 돕게 하면 자란 뒤에도 각자 방을 청소하도록 하기 위해 잔소리하지 않아도 된다. 청소를 잘한 경우 아이가 원하는 작은 보상을 주는 것도 좋은 방법이다. 이는 자녀들에게 무슨 일이든 시작이 중요하고 시작한 일은 마무리해야 하며, 잘한 일에는 상이 따른다는 깨달음을 주게 한다. 부모는 자녀들이 자라는 동안 가정이라는 집단에 소속되어 있다는 느낌을 줄 수 있어야 한다. 그리고 가족들과 협력하는 것을 즐기며, 주어진 일을 끝까지 해내고, 잘한 일에 대해서는 스스로를 칭찬할 수 있도록 가르쳐야 한다.

딸이 어릴 때 저녁 식사나 목욕도 놀이하듯이 즐겨보자. 그러고 나서 거실에 무대를 만들어보자. 그 무대에서 딸을 담요나 러그 위에 태우고 달리는 경주를 할 수도 있고, 딸이 좋아하는 율동을 하며 노래를 부를 수도 있다. 딸을 번쩍 들어 소파에 던지는 시늉을 하거나 간지럼을 태우면 아이의 웃음소리가 끊이지 않을 것이다. 딸이 좀 더 자라면 같이 설거지를 하면서 딸이 좋아하는 음악을 들으며 춤을 추자. 일주일에 한 번쯤은 가족이 함께하는 밤을 보내고, 이때 자녀들이 돌아가며 진행자가 되어 행사를 준비하게 한다. 가끔은 특별한 저녁 식사를 하는 것도 좋다. 이외에도 '불금에 영화 보기, 피자 먹으며 게임하기' 등과 같은 작은 행사를 준비해보자. 이를 통해 가족들의 소속감을 키울 수 있다.

식사 시간을 즐거운 추억이 되게 하라

어릴 때 추억의 대부분은 식사 시간과 관련된 것이 많다. 어떤 사람들은 식사 시간을 대화가 넘치는 즐거운 추억으로 간직한다. 하지만 다른 사람들은 "어서 다 먹어!"라고 야단맞던 시간으로 기억하기도 한다. 이들은 식사 준비에 참여한다거나 식사를 하며 즐거운 대화를 나눈 기억이 거의 없을 것이다.

많은 연구 결과에 따르면, 가족이 모여 식사하는 가정에서 자란 아이들은 일탈에 빠질 위험이 적고 학업 성취도가 훨씬 높다고 한다. 아이들에게는 먹는 행위 자체도 중요하지만, 저녁 식사를 위해 가족이 다 같이 하루를 돌아보는 일 또한 더 없이 소중하다. 하루가 즐거웠든 우울했든 너무 힘들어 녹초가 되었든 이 시간을 통해 아이들은 그날 하루를 제대로 이해하고 하나로 모인 가족의 존재감을 다시 한 번 확인한다. 즉, 가족 구성원으로서 어딘가에서 누군가에게 소속되었다는 느낌이 확실해진다. '여기가 내 집이고 난 우리 가족에 속한 한 사람이야.'라는 생각이 마음속에 확실히 뿌리내리기 때문이다.

가정의 따뜻한 분위기 속에서 자라는 친밀한 유대감은 파급 효과가 매우 크다. 사실 하루를 마무리하며 저녁을 먹을 때쯤 되면 부모도 지쳐 있는 경우가 많다. 어쩌면 가능한 한 조용히 식사를 마치고 싶을지도 모른다. 하지만 아주 작은 노력으로도 아이들의 협조 속에서 소중한 추억을 만들 수 있다는 사실을 기억해야 한다.

기술이 발달하고 저마다 바쁘기 때문에 아이들이 살아가는 세상은 점점 더 비인간적으로 변하고 있다. 더불어 매일 밤 가족이 모두 모여 저녁을 먹는 습관이 사라져가고 있다. 《부모가 먼저 모습을 보여라(Positive Discipline)》의 저자이자 가족 치료 전문가인 제인 넬슨(Jane Nelson)에 따르면, 아이들에게는 가족 모두가 함께하는 행복한 시간이 반드시 필요하다고 한다. 그리고 아이의 자존감은 가족에 소속되어 있고 가족으로부터 인정받는 가치 있는 존재라는 것을 알 때 생겨난다고 한다.

저녁 식사 시간에 자녀들과 즐겁게 시간을 보내기 좋은 방법은 책을 읽어주는 것이다. 다 읽은 다음 내용에 대해 퀴즈를 내면서 자녀들의 생각을 알고 싶어 한다는 것을 여러 번 강조한다. 아이가 관심을 받는 만큼 가족에 대한 소속감도 커진다. 아이들은 매일 지키는 규칙에 조금만 변화를 주어도 매우 즐거워한다. 따라서 추억에 남을만한 식사 시간을 만드는 일은 그리 어렵지 않다. 가족 게시판에 특별한 저녁에 대해 미리 예고해두면 모두가 일주일 내내 그날을 기다리게 만드는 효과가 있다. 특별한 저녁 행사로 영화의 밤이나 어떤 주제에 대해 자기 생각을 발표하는 시간을 가져본다. 가족들에 대한 흥미로운 사실을 좀 더 많이 알 수 있는 시간이 될 것이다.

'내 생각 말하기' 식사법

'내 생각 말하기' 식사법은 어린아이들에게 대화의 기술을 가르치고 아이들의 생각과 견해를 공유하는 좋은 방법이다. 잘게 자른 종이를 20~30개 정도 준비한다. 각 종이에 질문을 쓰고 반으로 접은 뒤 식탁 위의 큰 그릇에 넣어둔다. 식탁에 가족들이 모두 둘러앉은 뒤 그릇을 옆으로 돌린다. 몇 분마다 한 사람씩 번갈아가며 종이를 뽑아 거기에 적힌 질문에 답한다. 아이들이 3~4살 때부터 이러한 기회를 이용해 스스로 자신의 생각을 말할 수 있도록 격려하는 게 좋다. 종이에는 다음과 같은 질문을 적어본다.

- 하루만 대통령이 된다면 만들고 싶은 법 세 가지는?
- 오늘 선생님이 입은 옷은?
- 다른 사람이 베풀어준 친절 중 가장 고마웠던 것은?
- 지금까지 먹어본 음식 중 가장 맛있었던 것은?
- 기억할 수 있는 것 중 가장 어렸을 때의 추억은? 그

때 몇 살이었나?
- 우리 가족의 좋은 점은?

딸 잘 키우는 tip
식사 시간을 재미있게 만들기 위한 방법

아이들 각자의 취향에 맞춘 즐길거리를 준비한다. 딸이 가장 좋아하는 이야기책이나 동요집을 2쪽만 복사해 코팅한다. 이제 막 읽기를 배우기 시작한 4~7살 아이들에게 저녁 식탁에서 이것을 큰 소리로 읽게 하면 분위기가 한층 즐거워진다. 이외에도 다음과 같은 방법으로 즐거운 식사 시간을 만들어보자.

♡ 금요일 영화의 밤, 월요일 예절의 밤 등
♡ 생일, 졸업, 입학 등을 위한 축하의 밤 | 초대장을 만들어 친구를 불러 특별한 파티를 연다.
♡ 나들이 가기
♡ 집안에 전해 내려오는 이야기 들려주기

가족 규칙과 기준을 정하라

가족이 지킬 규칙과 이를 감시할 기준을 정해보자. '가족 규칙의 밤'을 마련해 규칙을 정하고 가족 모두가 볼 수 있는 곳에 있는 가족 게시판에 적어둔다. 아이들도 쉽게 이해하고 외울 수 있도록 규칙은 간단하게 정한다.

아이들은 자라면서 가족 규칙을 통해 자신의 가족이 지지하는 바를 배우고, 이러한 규칙을 생활 기준으로 삼게 된다. 특히 가족이 쓰는 언어를 감시하고 순화시키기 위한 규칙을 정해보자. 예를 들어, 집안에서는 다른 사람을 비난하고 놀리는 말을 하지 않고 칭찬하고 감사하는 말만 쓰게 한다. 다른 가족을 비난하거나 놀리는 말을 했다면 남은 하루 동안 그 사람의 하인이 되어 심부름을 해주도록 정한다. 짧은 시간 동안 행동 변화가 일어나게 하려면 표를 이용한다. 어떤 일을 잘했을 때마다 스티커를 주어 표에 붙이게 한다. 딸이 고양이를 돌보거나 집에 찾아온 손님에게 인사를 잘 할 때 스티커를 준다. 스티커가 5개 정도 모일 때마다 보상을 주면 좋다. 보상으로는 아빠와 아이스크림을 먹으러 갈 수 있는 쿠폰을 주거나 문구점에 데려가 아이가 원하는 것을 사준다.

일주일에 하루 정도를 특별한 그릇의 날로 정해둔다. 식구들 중 칭찬받을 일을 한 사람은 이날 하루 동안 특별한 그릇에 밥을 먹을 특권을 누리게 된다. 밥과 국을 예쁜 그릇에 담아주고 수저도 특별한 것으로 준비한다. 딸이 어릴 경우에는 신발 끈을 스스로 묶었다든가, 시험을 잘 봤다든가, 손님에게 맛있는 음식을 양보했다든가 했을 때 이러한 특권을 누리게 한다.

딸 잘 키우는 tip
특별한 그릇의 날

아이들은 항상 가족들로부터 긍정정인 관심과 인정을 받으며 자라야 한다. 매주 금요일 저녁 식사 때마다 그 주에 가장 훌륭한 생활 태도를 보인 자녀의 밥을 특별한 그릇에 담아주자. 누가 특별한 그릇의 주인공이 될지에 대해서는 마지막까지 비밀로 해야 한다. 하지만 그 주인공이 되기 위해 대단한 일을 할 필요는 없다. 어린 딸이 혼자 운동화 끈을 매는 데 성공했다거나, 아들이 속한 팀이 축구 경기에서 이겼다거나, 청소년기에 접어든 자녀가 자격증을 땄을 때 특별한 그릇의 주인공이 될 수 있다.

이처럼 주인공이 되거나 주인공을 축하해주는 것은 가족끼리 서로를 인정하고 인정받을 수 있는 좋은 기회다. 이때 주인공이 되지 못한 아이가 울거나 불평하는 것은 흔히 있는 일이다. 자녀가 울면서 보채는 일이 생길 수도 있다는 것을 어느 정도 각오해야 한다. 자녀들에게 다른 사람을 격려하고 잘 되었을 때 박수 쳐주는 법을 가르치려면 이 정도 어려움은 감수해야 한다. 자녀들을 좀 더 효과적으로 가르칠 수 있도록 다음과 같은 문구를 1~2주 동안 냉장고 문에 붙여 온 가족이 볼 수 있게 한다.

"다른 사람에게 좋은 일이 일어나면 그를 위해 기뻐할 것. 그렇게 되지 못한 자기 자신을 위해 슬퍼하지 말 것."

돈 사용법을 가르쳐라

딸에게 돈에 대해 가르치려면 용돈을 주고 알아서 쓰게 해야 한다. 가끔은 잘못에 대한 벌로 용돈을 깎거나 주지 않을 수 있다. 하지만 이것이 일상적인 징계 수단이 되어서는 안 된다. 《돈 버는 법보다 돈 쓰는 법을 먼저 가르쳐라(Money Doesn't Grow on Trees)》의 저자 닐 고드프리(Neale Godfrey)는 아이들은 돈을 관리했거나 돈이 부족했던 경험을 통해 많은 가치를 배운다고 주장했다. 딸에게 재정 관리 능력을 키워주는 것도 용돈을 주고 관리하게 하는 것에서부터 시작할 수 있다.

고드프리는 자녀들에게 용돈을 줄 때 세 개의 그릇을 준비하라고 했다. 받은 용돈을 각각 기부용, 용돈용, 저축용으로 나누어놓고 쓰기 위해서다. 기부용 돈을 누구에게 줄지는 부모의 지도 아래 딸이 결정한다. 불우한 아동을 돕거나 가족 전체가 돈을 모아 다른 어려운 가족을 도울 수도 있다. 딸은 용돈용 그릇의 돈을 쓰면서 일단 써버린 돈은 영원히 사라진다는 사실을 깨달을 것이다. 그리고 저축용 그릇에 돈을 모으면서 평소 절약하면 나중에 정말 갖고 싶은 물건을 살 수 있다는 사실을 알게 된다.

뿐만 아니라 가족이 가까운 곳으로 놀러가는 일도 돈에 대해 가르칠 수 있는 좋은 기회다. 딸들에게 용돈을 주고 각자 알아서 간식거리를 사도록 시켜보는 것이다.

딸의 인격 형성을 도와라

아이에게 도덕과 가치를 가르쳐야 한다. 이를 통해 딸은 동정심뿐만 아니라 더 나아가 이타심을 가진 인격을 갖출 수 있다. 아이가 18개월만 되어도 양심을 기르기 위한 기본 요소를 가르칠 수 있다. 그리고 이 역시 부모에 대해 딸이 품고 있는 애착과 신뢰로부터 큰 영향을 받는다. 부모의 지속적인 관심 속에서 일관된 보살핌을 받으며 자란 딸은 심리적으로 안정되고 넉넉한 성품을 갖춘다. 그 결과 다른 사람의 감정을 살필 수 있을 뿐만 아니라 용기와 동정심을 가지고 바깥세상을 바라보게 된다.

아이들은 옳은 것과 그른 것을 구분하도록 배워야 하고, 가족이 선을 지지한다는 사실을 알아야 한다. 딸의 내면에 스스로 중요한 존재라는 의식이 자리 잡게 되면 옳은 일을 행동으로 옮길 수 있는 자신감이 생긴다. 가족 전체가 중시하며 삶의 기반으로 삼아야 할 것은 딸의 훌륭한 인격에 영향을 주는 것이다. 부모가 규칙을 정하고 지켜야 할 이유를 설명해주면 딸은 그 가치를 흡수한다.

요즘 세대들은 명확한 도덕적 기준이 없어 고통받고 있다. 그중에서도 가장 고통받는 사람은 인간관계나 도덕적 가치에 대해 고민을 많이 하는 여자아이들이다. 현대 사회는 여자아이들에게 옳은 것을 판단하고 행동할 때 '감정'을 이용하라고 가르친다. 하지만 바로 이와 같은 사고방식 때문에 많은 여자아이들이 인간관계의 혼란 속으로 빠져들게 된다. 감정은 단지 감정일 뿐이다. 어떤 행동이 옳은지 그른지를 가르쳐주지는 않는다. 감정은 비이성적이고, 언제든 변하기 쉽고, 예측 불가능하며, 이해하기도 힘들다. 그리고 분위기에 따라 쉽게 달라진다. 만사가 잘 안 풀리는 날, 잠을 못 잔 날, 체해서 심하게 배앓이를 한 날에는 누구라도 기분이 안 좋아진다. 특히 십대 아이들에게 감정은 신뢰할 수 없는 안내자다. 감정이 아이들의 성숙하지 못한 판단과 섞이면 나쁜 결론에 도달할 수 있다. 심리 치료 전문가인 로라 슐레징어(Laura Schlessinger) 박사는 다음과 같이 말했다.

"감정을 무조건 숭배하는 것은 요즘 유행하는 심리학이 은밀하게 퍼뜨린 결과물이다. 개인의 감정적인 혼란을 깊게 파헤치는 것이 그 순간에는 심리적인 치료 효과를 낳을지 모른다. 하지만 이로 인해 감정을 숭배의 대상으로 삼게 된 것은 현대 문명의 재앙이다."

슐레징어 박사는 대부분의 사람들이 좋은 행동을 하는 것보다 좋은 감정을 느끼는 것에 지나치게 관심을 가지고 있다고 말했다. 그리고 이렇게 덧붙였다.

"현대인들은 스스로나 다른 사람들로부터 존경받을만한 일을 하는 것보다 기분이 좋아지는 것을 더 중요시한다. 최소한 기분 나빠지는 것만은 피하려고 발버둥치는 것이다."

사람들은 단순한 감정적 경험을 필요 이상으로 중시하고 소중히 여긴다. 슐레징어 박사는 어떤 믿음을 가지고 어떤 의사 결정과 행동을 하는지 좌우하고 삶의 의미를 부여할 수 있는 자질로서 용기, 인격, 양심을 꼽았다. 슐레징어 박사에 따르면, 행복은 곧 즐거움이라는 관점에서 벗어나 가치 있고 목적 있는 일을 추구하고 이룰 때 맛볼 수 있는 것이다.

한 연구에서 옳고 그름을 확실히 설명해주는 부모와 스스로의 생활을 돌아보고 개선시키도록 유도하는 이야기가 아이의 내면에서 인격을 성숙시킴을 밝혔다. 딸들에게는 도덕적

교훈이 풍부하게 담긴 이야기, 용기 있는 여성들이 나오는 역사적인 이야기 등이 훌륭한 유산이 될 수 있다. 이를 위해 가족 모두 같은 책을 읽는 전통을 만들어보자. 아이들과 거실에서 뒹굴며 《나니아 연대기》를 읽어도 좋고, 매일 저녁 식사 후 일정 시간 동안 함께 책을 읽는 시간을 가져도 좋다. 그러고 나서 방금 읽은 이야기에 대한 대화를 나누고 같은 상황이라면 어떻게 할 것인지 물어본다. 특히 용기 있는 여성들의 이야기를 찾아내 딸과 읽어본다.

바바라 마코프(Barbara Mackoff)는 딸을 키우면서 얻은 지혜를 담은 저서인 《딸 이렇게 키워라(Growing a Girl)》에서 다음과 같이 말했다.

"나는 딸과 용감한 여자아이들의 이야기를 수집한다. 책이나 영화 혹은 딸 친구들 중에서 용감하게 위험에 맞서거나 악당이나 못된 친구들로부터 도망치지 않고 맞서는 여자아이를 발견하면 그 이름을 즉시 목록에 추가한다. 딸아이가 자라면서 목록이 점점 길어지고 있다. 《샬롯의 거미줄》에 나오는 펀이나 디즈니 만화 영화에 나오는 포카혼타스, 벨 같은 이름이 하나씩 추가되고 있기 때문이다. 딸아이는 '난 펀이랑 포카혼타스랑 벨처럼 용감해.'라고 말하게 될 것이다."

이 여주인공들에게는 누구나 본받을만한 인격과 능력이 있다. 부모는 그것을 강조함으로써 딸의 인성 교육에 이용할 수 있다. 이야기나 실생활에서 용감하고 지혜로우며 남을 도와주는 여주인공들을 만날 때마다 이렇게 말해보자.

"저 아이의 호기심이 대단하지 않니?"
"포기할 줄 모르는 용감한 공주야."
"정말 지혜롭게 문제를 해결하는구나!"

부모는 딸을 위한 코치가 되라

부모라면 자녀 앞에서 진정한 어른이 되어야 한다. 적극적, 체계적으로 행동하며 하루 동안 가족의 슬로건을 내걸어보자. 매일 단 몇 분이라도 일찍 일어나면 가족을 돌보는 데 여유가 생기기 때문에 그것이 얼마나 가치 있는 일인지 알게 된다. 뿐만 아니라 매일 딸을 위해 하루의 계획을 짜려고 고민하는 시간을 아낄 수 있게 해준다.

실천하기

딸을 잘 키우기 위해 필요한 기술 세 가지

로스 캠벨(Ross Campbell)은 저서 《진정한 자녀 사랑(How To Love Your Child)》에서 모든 아이들은 아이 콘택트, 관심 집중, 스킨십을

필요로 한다고 했다. 그런데 부모는 아이를 야단치거나 훈계할 때에만 이 기술을 중시한다. 사실은 아이와 놀거나 즐거운 시간을 보내며 사랑을 표현할 때 이와 같은 기술이 더욱 중요하다.

♡ **아이 콘택트** | 딸과 놀거나 딸을 데리고 나가 맛있는 것을 사줄 때 따뜻하고 다정한 시선으로 눈을 맞춘다.

♡ **관심 집중** | 하루에 최소한 한 번쯤은 딸에게만 관심을 집중한다. 잠들기 전 침대 머리맡에서, 방과 후 집에 돌아와 간식을 먹을 때, 외출을 할 때 등이 좋다. 딸이 하는 이야기, 웃음소리 등에 귀를 기울인다. 듣는 것은 또 다른 사랑의 언어다.

♡ **스킨십** | 의미 있고 적절한 안아주기, 뽀뽀하기, 쓰다듬기와 같은 스킨십은 딸의 자아를 형성하는 데 중요한 역할을 한다. 자신이 중요한 존재로 보호받고 있다는 느낌을 주기 때문이다.

딸을 자유로이 놀게 하라

딸을 훌륭한 어른으로 키우고 싶다면 놀게 하자. 미국 소아과학회에 따르면, 요즘 아이들은 성취도를 높이기 위한 활동에 눌려 지낸다고 한다. 하지만 아이 발달에서 가장 중요한 것은 '순수하게 노는 것'이다. 어린아이들은 자유롭게 노는 시간을 통해 상상력, 창의성, 문제 해결 능력을 기를 수 있다. 딸에게 자유 시간을 주자. 이를 통해 스스로 흥미를 느끼는 분야를 찾을 수 있다. 딸이 싱크대 안을 뒤지고, 놀이터 흙을 파서 벌레를 잡고, 엄마의 화장품을 가지고 놀게 한다. 딸을 똑똑하고 능력 있게 키우겠다는 부모의 목표 아래 빡빡한 일정을 짜지 않는다. 느슨한 일정은 부모에게도 이득이다.

　　　대화와 즐거움이 넘치는 가족이라면 바른 길로 가고 있는 것이다. 딸이 사춘기에 접어들어 감정적으로 힘들어할 때 대부분의 해결책을 친밀한 가족 안에서 찾을 수 있다. 가족들이 모여 즐거운 저녁 식사를 하는 날이 많고, 엄마나 아빠가 자녀와 보내는 시간이 충분하고, 조부모와 자주 만나고, 캠핑이나 여행을 자주 가는 가정을 만들자. 자녀의 몸과 마음을 건강하게 해줄 가족 공동체가 싹튼다. 또한, 친척이나 멘토와 밀접한 관계를 맺게 하면 딸이 느끼는 소속감이 한층 커진다.

요즘 시대는 부모에게 더 많은 투자를 요구한다

오늘날 아이들은 나이에 비해 성숙한 편이다. 아이들이 순수하기만 한 시대는 이제 지나갔다. 요즘 아이들은 사회 문제, 인종 문제, 환경 문제, 약물 그 외에 여러 문제를 겪으며 자라고 있다. 부모 자식 간의 문제도 더 이상 예전의 패턴을 따르지 않는다. 과거에 비해 직장에 다니는 엄마들이 증가했다. 그 결과 엄마가 아이들과 친밀하게 접촉하는 시간이 줄어든 것도 사실이다.

오늘날은 자기 몰입이나 자기 과시가 만연한 시대다. 그리고 무분별한 자기 분석은 이러한 현상을 더욱 악화시킨다. 건강하게 제 기능을 하는 가족 혹은 공동체는 자신을 세상의 중심이 아니라 큰 그림의 하나로 볼 수 있는 사람들로 구성되어 있다. '내가 최고야'라는 문화로는 결코 행복을 창조할 수 없다. 현대 심리학 연구에 따르면, 아이의 기분을 지나치게 중시하는 문화에서 오히려 아이들이 우울과 불안에 빠질 가능성이 더 커진다고 한다. 이와 같은 문제를 극복하기 위해 많은 심리학자들은 봉사에 초점을 맞출 것을 제안한다. 즉, 자신에게만 향해 있던 눈을 돌려 다른 사람들과 더불어 살아가는 세상을 바라보며 그 안에서 무엇을 할 수 있는지 생각하는 문화가 필요하다.

딸 잘 키우는 tip

♡ 가족으로서 지지하는 바를 확실히 결정한다. 온 가족이 다

른 사람들을 위해 봉사하고 헌신해보자.

♡ 훌륭한 사람들에 대한 이야기로 넘쳐나는 가정을 만든다. 특히 훌륭한 여성에 대한 이야기를 꾸준히 읽고 이야기한다. 매일매일 딸과 나누는 대화 속에서 부모가 존경하는 인격이 무엇인지 확실히 심어주고 롤 모델을 제시한다.

♡ 어떤 감정을 느끼는 데는 이유가 있지만 그 감정이 항상 옳지만은 않다는 것을 가르쳐준다. 딸이 친절을 베풀거나 믿음직한 일을 했을 때 부모가 얼마나 자랑스럽게 여기고 있는지도 이야기해준다.

♡ 식사 시간을 중요하게 여긴다. 평소와 다른 곳에서 색다른 순서로 먹는 식사를 계획해보자. 아이들에게 추억과 즐거움을 줄 것이다.

♡ 가족들끼리 화젯거리를 교환하고 서로에게 일어난 일을 연관시켜 대화를 나눈다. 실수에 대해서는 웃어주는 여유를 보이자. 딸에게 항상 긍정적으로 대하면 엄격하고 신경질적인 부모가 아닌 여유 있고 사교적인 부모로서 좋은 본보기가 된다.

딸에게 필요한 가족의 모습은…

- 한 사람 한 사람을 구성원으로서 소중히 여긴다.
- 친밀한 유대와 대화가 많다.
- 가족 문화 속에 즐거움과 대화가 넘친다.
- 규칙과 기준이 잘 지켜지는지 수시로 점검된다.
- 인격과 미덕을 갖추도록 가르친다.
- 부모가 코치, 관리자, 지혜의 보고 역할을 한다.
- 어울려 노는 시간을 가진다.

중요한 것은 벌의 엄격함이 아니고 확실함이다. 아이에게 문제에 대한 주인 의식과 해결할 도구를 주어 자존감을 온전히 지킬 수 있게 하라.
바바라 콜로로소, 《자녀에게 변화를 일으키는 간단한 습관》

우리는 대가를 받기 위해 일한다. 이것은 인간의 본성이다. 무엇이 가장 적절한 대가인지는 사람에 따라 다르다. 한 사람에게 쓰레기였던 것이 다른 사람에게는 보물이 될 수 있다. 따라서 자녀에게 어떤 상과 벌이 효과적일지는 부모 스스로 경험을 통해 정해야 한다.
필 맥그로, 심리학 박사, 《가족이 우선이다》

CHAPTER 07

딸은 훈육하는 법도 다르다

가족이 어울리는 즐거운 시간이 많아야 자녀의 삶에서 마법 같은 기적이 일어날 가능성이 크다. 하지만 좋은 부모는 딸의 행동에 한계를 정하는 일에도 능숙해야 한다. 어떻게 하면 자신감 있고 행복하게 지낼 수 있는지 가르쳐주기 위해서다. 딸의 기질을 알고, 딸이 원하고 느끼는 것을 제대로 이해해야 유능한 부모가 될 수 있다. 그리고 유능한 부모가 되어야 딸을 가족이나 더 넓은 공동체의 다른 구성원들과 협력하는 사람으로 키울 수 있다.

코치가 선수 개개인의 장점을 최대한 살리듯 부모도 딸의 기질과 개성을 잘 살려 신뢰와 협력을 얻어야 한다. 단, 부모의 넘치는 사랑과 애정 속에 분명한 규칙과 기준이 있어야 아이들은 안전하게 보호받고 있음을 느낀다는 사실을 기억하자. 또, 아이들은 이기적이고 권력을 추구하는 경향이 있다는 것도 잊지 말아야 한다. 아이들이 부모를 좌절시키기 위해 일부러 그러한 행동을 하는 것이 아니며, 단지 타고난 본능상의 욕구를 만족시키려는 것일 뿐이다.

어른들은 종종 아이는 그저 아이일 뿐이라는 사실을 잊는다. 그래서 아이들에게 어른들처럼 충분히 생각하고 되돌아보는 능력이 부족하다는 사실을 미처 생각해내지 못한다. 아이들은 아직 사고 능력이 발달하는 과정에 있기 때문에 서로 다른 상황을 연결시키고 이면에 감추어진 의미를 읽어내는 능력이 부족하다. 그저 보고 듣는 대로 판단하고 반응하는 것이다. 그런데 아이들이 보고 듣는 것은 대부분 부모를 통해 이루어진다.

　유아기 자녀 양육에서 부모는 아이가 자기중심성을 벗어나게 하는 데 큰 책임을 느껴야 한다. 아이는 자신이 하는 말과 행동에 대해 다른 사람들이 생각과 감정을 품게 된다는 사실을 깨달을 수 있어야 한다. 이 일이 가능해지면 어떤 행동을 하기 전에 그로 인해 다른 사람이 받을 영향을 고려하기 시작할 것이다. 이러한 변화는 성숙과 자기 훈련을 통해 나이에 적절한 방법으로 이루어져야 한다.

　아이들에게 가장 긍정적인 영향을 끼치는 가정에는 따뜻함과 안정된 짜임새가 있다. 부모로서 항상 사랑과 한계를 소중히 여기는 마음가짐을 지녀야 한다. 즉, 부모로서 스스로를 딸의 인생에 대한 코치이면서 동시에 지지자로 바라볼 필요가 있다. 부모는 딸에게 어떤 일이 일어나더라도 항상 딸의 편이 되어야 한다. 특히 딸이 곤경에 처해 있을 때에는 더욱 그러하다. 물론 딸이 어려움에 처할 때마다 구해줘야 한다는 게 아니다. 딸이 스스로 어려움을 헤쳐 나가도록 지지해줘야 한다는 의미다. 그러기 위해서는 적절한 삶의 기술을 가르쳐야 한다. 아이를 다정하게 대하되 필요한 경우 엄한 부모로서 한계를 정해놓아야 한다. 부모의 목표는 딸을 조건 없이 사랑하고 잠재된 최상의 능력을 최대한 발휘할 수 있게 도와주는 것임을 기억한다.

딸을 올바르게 훈육하라

부모는 확실한 양육 철학을 가지고 있어야 한다. 그렇지 못하면 상황에 따라 이리저리 흔들리는 나약한 부모가 되기 쉽다. 아이들이 어리석은 짓을 저지르면 부모들은 화가 난다. 부모들은 가끔 아이가 잘못을 했을 때 바르게 훈육하여 아이의 행동을 교정하는 데까지 나아가지 못한다. 그저 아이의 행동에 대해 기분 나빠하는 데서 그치고 만다. 감정을 느끼고 이에 따른 신경 회로가 작동하기 시작하면 누구나 어린 시절부터 익숙하게 되풀이해온 행동 패턴에 빠지기 쉽기 때문이다.

소리 지르는 부모 밑에서 자란 부모는 딸이 소중한 무언가를 떨어뜨려 깨뜨린 순간 소리 먼저 지르고 말 것이다. 하지만 아이를 윽박지른다고 해서 아이가 순종적으로 행동하거나 물건을 귀중하게 다루는 습관이 길러지지는 않는다. 부모가 큰소리 내며 흘려보낸 감정은 역효과를 낼 수 있다. 딸은 부모가 뿜어낸 감정에 연연하느라 정작 자신이 어떻게 행동했어야 했는지에 대해서는 제대로 생각할 수 없게 된다. 자신의 잘못보다는 부모가 쏟아내는 감정에 더 민감해져 있기 때문에 더욱더 방어적인 태도를 취하고 정직하지 않은 방식으로 감정을 피해 가려는 경향이 생긴다.

아이에게 교훈을 깨우치게 하고 싶다면 단순히 소리 지르고 호통치고 훈계하는 것 이상이 필요하다. 예를 들어, 딸이 냉장고에서 주스를 꺼내다가 바닥에 모두 쏟았다고 가정해보자. 아이를 혼내거나 흘린 주스를 닦으며 아이에게 화를 내는 부모들이 대부분일 것이다. 하지만 지혜로운 부모라면 좀 더 다른 방법으로 대처한다. 우선, 다소 실망스럽고 엄한 표정으로 딸 옆에서 침착하게 상황을 살핀다. 그리고 걸레와 대야를 아이에게 건네주고 쏟은 주스를 스스로 닦게 한다. 이는 스스로 자신의 잘못을 책임질 수 있도록 도구를 제공하며 도와주는 과정이다. 물론 상황에 따라 부모가 딸의 걸레질을 도와줄 수도 있다. 여기서 중요한 것은 자신의 행동에 책임을 지고 스스로 잘못을 바로잡는 딸이 되도록 양육하는 것이다.

부모는 단지 자녀에게 겁을 주기 위해 화를 내지 않는다. 안타깝게도 아이들은 부모의 분노로부터 어떤 교훈을 깨닫기보다는 두려움과 같은 부정적인 감정부터 감지한다. 그러므로 딸이 잘못을 저질렀을 때 소리 지르고 화내고 싶더라도 그것이 어떤 결과를 불러올지를 먼저 고려해야 한다.

아이들의 일과는 '안 돼'의 연속이다. 예를 들어, "안 돼. 과자 말고 밥 먹어야지."와 같은 말을 쉴 새 없이 듣는다. 딸을 양육할 때 가장 중시해야 할 부분은 좋은 인간관계를 맺고, 착한 일과 나쁜 일을 구분하고, 스스로를 훈련시킬 수 있는 능력을 길러주는 것이다. 해야 할 것과 하지 말아야 할 것을 분명히 알고 다른 사람들이 받아들일만한 행동이 무엇인지를 분명히 이해하고 있는 아이들은 그렇지 못한 아이들보다 훨씬 행복하다. 이에 대한 훈육 없이 아이를 키우는 것은 방향키 없이 배를 몰고 망망대해로 나가는 것이나 마찬가지다.

엄마, 아빠 양육에 일관성을 가져라

아이를 양육할 때 가장 중요한 원칙은 엄마와 아빠의 입장을 하나로 모으는 것이다. 이러한 환경이 뒷받침되어야 딸은 안심하고 무럭무럭 자랄 것이다. 하지만 부모의 입장이 분열되어 있다고 느끼는 순간 딸의 마음도 불안하게 흔들린다. 한 부모가 자녀에게 지나치게 엄격하고 강압적이면 다른 부모는 그에 대한 보상으로 지나치게 부드러워지기 쉽다. 이것은 일종의 시소 효과로 일상생활에서도 한 부모가 평소보다 엄한 모습을 보이면 다른 한 부모는 좀 더 너그럽게 된다. 하지만 서로의 입장을 지지해주는 것이 결국 두 사람 모두에게 이익이다. 배우자가 지나치게 엄격하거나 지나치게 너그럽다는 생각이 들더라도 자녀 앞에서 다투는 일은 없어야 한다.

부부는 아이들 앞에서 서로 존중하고 따뜻한 애정을 보이며 일관된 양육 분위기를 만든다. 엄마는 아빠에 대한 무한한 존경심을 보이며 아이들도 이를 느끼게 해야 한다. 아빠가 없는 상황에서도 항상 아빠에 대해 긍정적으로 말하고 아이들이 미처 모르는 아빠에 대한 이야기를 들려주면 좋다. 아빠도 마찬가지로 아이들 앞에서 엄마를 존중하는 모습을 보여주자. 부인을 가정의 보물로 여기고, 부인을 무시하는 말을 하지 않으며, 기회가 있을 때마다 칭찬하자. 어느새 아이들도 아빠와 같은 시선으로 엄마를 바라보게 될 것이다. 아빠가 딸을 위해 해줄 수 있는 가장 위대한 일은 엄마를 사랑하는 것이다. 아이가 부모에게 욕을 하거나 "난 엄마가 싫어."와 같은 말로 상처 주면 결코 용납해서는 안 된다. 엄마가 얼마나 소중한 사람인지 자녀들이 알게 해야 한다. 그리고 엄마를 무시하지 않도록 한다.

요즘 부모들은 생활에 여유가 없어 아이들의 언어생활을 소홀히 하기 쉽다. 특히 오랜만에 함께하는 가족 분위기를 망치고 싶지 않아 아이의 잘못을 알고도 내버려두는 경우가 많다. 아이들은 종종 훈육하기 힘든 상황에서 부모가 세운 규칙과 기준에 도전한다. 그렇다고 해서 이에 대해 즉각적으로 반응하지 않으면 아이는 잘못된 행동이 허용된 것으로 오해하고 이것을 반복하게 된다.

중요한 가족 규칙을 만들어 지키고 싶다면 무슨 일이 있어도 기꺼이 따를 준비가 되어야 한다. 그렇지 않으면 딸은 부모의 말을 진지하게 받아들이지 않는다. 딸의 돌발적인 행동에 상처받거나 울컥해서 화내지 않도록 미리 마음의 준비를 해야 한다. 딸은 새로운 규칙에 반항하며 짜증을 내거나, 문을 쾅 닫아버리거나, 부모의 말을 무시할 것이다. 하지만 부모가 확신을 가지고 합리적, 논리적인 규칙을 지켜나가면 머지않아 효과를 나타내기 시작할 것이다.

양육의 황금 비율은 A, B, C를 확실히해두는 것이다.
A I 사랑과 즐거움이 넘치고 긍정적인 가정 분위기
B I 잘 이해되고 지켜지는 규칙
C I 부모가 주는 긍정적인 가르침과 대화

양육에서 중요한 것은 가정의 규칙을 지키는 일이다. 예를 들어, 다른 식구들과 협력해 집안일을 하거나 예절을 지키는 것과 관련된 규칙이 있다. 어릴 때부터 이와 같은 규칙을 잘 지켜온 아이들은 자라서도 훌륭한 행동 습관을 가지게 된다.

그렇다고 해서 딸의 사소한 행동 하나하나에 대해 잔소리하고 바로잡으라는 말은 아니다. 오히려 그 반대다. 부모는 딸이 하는 행동을 긍정적으로 바라보고 격려해야 한다. 물론 매우 중요한 몇 가지 문제에 대해서는 엄격하게 대해야 한다. 유치원에 갈 때 부모가 원하는 빨간색 원피스 말고 분홍색 원피스를 입고 간다고 해서 아이와 실랑이를 벌일 필요는 없다. 하지만 중요한 자리에 갈 때 어떤 옷을 입을지에 대해서는 옷차림에 대한 기준을 제시할 수 있다. 물론 그 기준에 맞는 옷 중에서 무엇을 선택할지는 딸에게 맡겨야 할 것이다. 이처럼 자녀에 대한 부모의 책임 중 하나는 커가는 딸에게 나이에 적절한 결정권과 선택권을 하나씩 넘겨주는 것이다.

어린 자녀들을 위해 세우는 규칙은 다음과 같이 간단해야 한다.

"물건을 함부로 다루지 않는다."

"다른 사람에게 미소 지으며 반갑게 인사한다."

"아빠와 엄마의 말을 잘 듣는다."

이와 같은 규칙은 딸이 세상을 바르게 이해하기 위해 필요한 안전을 확보하는 데 중요한 역할을 한다.

양육과 즐거움은 절대 공존할 수 없는 항목처럼 보인다. 하지만 조금만 노력하면 두 마리 토끼를 잡고 행복한 시간을 보낼 수 있다.

- 로렌스 코헨 박사,
《아이와 통하는 부모는 노는 방법이 다르다》

가족 규칙을 함께 정하고 지켜라

가족 규칙을 확실하게 정해두면 자녀들에게 일일이 훈계하고 잔소리할 일이 줄어든다. 일단 규칙이 정해지면 대부분의 아이들은 무리 없이 받아들인다. 그러면 부모는 다음과 같은 말 한 마디로 규칙이 잘 지켜지도록 관리할 수 있다.

"하루에 30분만 텔레비전을 보는 게 우리 집 규칙이야."

"밥 먹기 전에 손 씻고 식사 시간 전에 식탁에 앉는 게 규칙이다! 자, 이제 1분 남았다. 너희들이 시간을 지키는지 볼 거야."

"저녁 먹기 전에 자전거를 치워야 되는 거 알지? 우리 딸 규칙 잘 지킬 수 있지?"

딸이 올바른 선택을 하도록 동기를 부여하라

딸을 양육할 때 쉽게 화내지 말고 감정에 치우치지 않으며 이성적으로 판단하도록 한다. 딸이 미래에 좀 더 나은 선택을 할 수 있도록 돕고 싶다면 적절한 방향으로 자극하고 동기 부여 하자. 딸은 스스로 경험하며 옳은 선택을 하면 좋은 결과가 따른다는 것을 배워갈 것이다. 이 경험은 부모의 잔소리나 분노보다 더 훌륭한 스승이다.

아이가 화를 낼 때 부모는 조용히 기다려줘야 한다. 딸은 잘못된 행동에 대한 벌칙이나 좋지 않은 결과를 기꺼이 받아들일 만큼 성숙하지 못하기 때문이다. 부모는 딸이 반항하거나 화를 내면 마음이 약해져 규칙을 포기하고 싶어질지도 모른다. 이러한 유혹에 지지 않으려면 마음을 단단히 먹어야 한다. 딸이 부모가 아니라 스스로의 잘못이 낳은 결과와 싸우고 있음을 깨달으려면 시간이 필요하다. 그때까지 부모는 규칙을 어기면 이에 따른 결과를 받아들여야 한다는 것을 몇 번이고 포기하지 않고 가르쳐야 한다.

훈육은 엄격하고 공정하고 다정해야 한다

많은 부모들은 아이가 어떤 잘못을 저질렀을 때 죄책감이나 부끄러움을 느끼게 만들면 잘못을 반복하지 않을 것이라 착각한다. 물론 아이들은 부끄러움과 죄책감을 느낀 후에 부모의 말을 좀 더 잘 듣게 될 수 있다. 하지만 그 즉시 아이 스스로 사고할 수 있는 능력이 커져 다음번에는 더 나은 결정을 하게 된다는 의미는 아니다. 따라서 코치로서 부모는 자녀의 잘못된 행동에 진지하게 고민하되, 자녀가 스스로 깨닫고 고칠 수 있도록 도와주는 역할에 머물러야 한다. 아이가 마트나 식당에서 떼를 쓰거나 잘못을 저질렀다고 해서 부모의 양육 능력이 모자란다고 부끄러워할 필요는 없다. 아이들의 잘못에 대해서도 너무 기분 나빠 하지 않는다. 중요한 것은 잘못된 딸의 행동이 아니고 부모의 반응이다. 딸이 말을 듣지 않으려 하면 엄마, 아빠 말을 들을 기분이 들 때까지 기다리겠다고 말한다. 혹은 딸의 관심을 다른 곳으로 유도해보는 것도 좋다.

부모는 딸에게 어떻게 행동해야 할지 보여줘야 한다. 딸이 부모의 말을 잘 이해하지 못하면 행동으로 시범을 보이고, 잘 따라 하면 칭찬과 따뜻한 포옹을 아끼지 않는다. 만일 딸이 공공장소에서 얌전하고 예의 바르게 행동했다면 아이가 먹고 싶어 하는 음식을 사주거나 가고 싶은 곳에 데려가는 등의 적절한 보상을 해준다.

딸을 훈육하는 방법

○ **단서** | 집을 나서기 전에 어디서, 무엇을 할 것인지를 미리 이야기해둔다. 또, 어떻게 행동해야 할지 가르쳐주고 연습해본다.

예 할아버지 병문안을 가는데 병원에서는 조용조용하게 걷는다.

○ **재확인** | 목적지에 도착하면 집에서 가르쳐준 것을 다시 한 번 확인한다.

예 "조용히 말하고 발끝으로 걷기로 한 거 기억하지? 자, 한번 해볼래?"

○ **강화** | 딸이 말을 잘 들으면 칭찬한다. 할아버지 병문안을 간 경우라면 할아버지 앞에서 칭찬해주면 더욱 좋다.

딸이 부모를 당황시킬만한 행동을 하지 않도록 확실하게 가르쳐야 한다. 부모로서 어떤 조치를 취할 때에는 미루지 않아야 하며 즉시 아이가 잘못을 깨닫고 그만두게 해야 한다.

부모의 권위가 흔들리고 있다

사회학자인 노베르트 엘리아스(Norbert Elias)는 부모에게서 아이에게로 권력이 이동하는 현상에 대해 연구했다. 그에 따르면, 50년 전 부모들은 딸에게 어떤 고등학교에 진학할지 정해줬다. 하지만 요즘 부모들은 딸의 의견을 물어보고 그중 가장 좋다고 생각하는 학교로 진학하도록 거의 사정하다시피 한다.

하지만 결국 최종 선택권은 딸이 가지고 있다. 엘리아스는 이처럼 부모의 권위가 추락하는 현상을 가리켜 '부모의 지위 불확실성'이라 했다. 이로 인해 부모들은 자녀에 대해 어떤 권위를 가져야 할지에 대해 불안해하게 되었다.

현대 사회에서 부모로부터 자녀에게로 권력이 재배치되는 현상은 세대 간 예절 관계를 허문다. 엘리아스 박사는 현대 부모들은 나침반 없이 바다를 항해하는 듯한 불확실한 느낌에 빠진다고 한다. 부모 자식 간의 예절 관계가 허물어지면 아이는 오히려 부당한 짐을 지게 된다. 발달 과정을 넘어 부모와 동등한 수준의 지혜와 성숙을 요구받기 때문이다. 하지만 글자를 모르는 어린아이들은 자신이 생각하고 느끼는 바를 정확히 인지하지 못한다. 당연히 자신에게 무엇이 가장 좋은지 판단하는 것은 무리다.

여자아이들은 십대 후반에 자신의 생각, 감정, 동기 등에 대해 자세히 이해하기 시작한다. 그리고 주변 어른들과 상호 작용하면서 자신의 행동과 그에 따른 논리적인 결과를 연결 지을 수 있게 된다. 어린 시절의 '구체적 사고'에서 어른들의 '형식적 사고'로 나아가게 되는 것이다.

사랑의 V 법칙

아동 심리학자 실비아 림(Sylvia Rimm) 박사는 딸을 양육할 때 큰 도움이 될만한 '사랑의 V 법칙'을 제안했다. 이는 사람은 권력을 부여받으면 다툼에서 지지 않는 한 포기하지 않는다는 것을 전제로 하고 있다. 아이들은 자신에게 주어진 권한이 꾸준히 증가하고 있다는 기분이 들면 현재 가진 것에 만족한다. 따라서 부모는 아이들이 자라는 동안 선택의 기회를 점진적으로 넓히면서 갈수록 더 많은 권한을 가지게 해줘야 한다. 그 결과 자녀가 누리는 권한은 V자처럼 바닥의 한 점에서 시작해 점점 넓어지는 모양이 된다.

부모의 사랑 아래 아이들이 누리는 권력의 폭이 점점 넓어지게 하는 것은 중요한 양육 법칙이다. 이 법칙에 따르면, 아이들이 어렸을 때는 자유나 선택의 기회가 거의 없다. 하지만 아이가 점점 자랄수록 부모는 사랑으로 권한을 넓혀감으로써 V자가 되게 한다. 아이가 사춘기에 이르면 부모가 권한을 허용하는 정도가 V자 꼭대기에 다다른다. 이 시기를 지나면 매사에 더 넓은 V자 안에서 아이의 권한을 인정하며 협상해야 한다.

딸이 3살일 때 부모는 많은 통제권을 행사할 수 있다. 반면에 딸은 선택권을 거의 갖지 못한다. 부모는 딸이 어떤 신발을 신을지, 사과를 먹어야 하는지, 잠옷을 입어야 하는지와 같은 사소한 문제를 일일이 결정해준다. 하지만 이때에도 마지막 선택의 기회를 딸에게 줄 수는 있다. 샌들을 신을지 장화를 신을지, 빨간 사과를 먹을지 초록 사과를 먹을지, 어떤 색깔의 파자마를 입어야 할지 정도는 딸 스스로 결정하게 할 수 있다. 딸이 7살 정도 되면 부모의 권한으로 운동을 시킬 수 있다. 물론 어떤 운동을 할지 딸이 고르게 할 수 있다. 딸이 더 자라도 지켜야 할 규칙은 여전히 존재하지만 그 안에서 점점 더 많은 선택권을 가질 수 있다. 이를 위해서 부모가 딸을 믿으면서 어느 정도 권한을 더 줄지에 대해 협상하는 자세가 필요하다.

잘못은 엄하게 다스리되 사랑을 잃지 마라

딸이 잘못을 저지르면 결코 봐주지 마라. 문제를 함께 살펴보고 딸이 그것을 해결할 수 있도록 도와준다. 단, 딸의 자존심에 상처를 입히지 않도록 조심한다.

"지금 침대 위에서 뛰고 있구나. 다른 사람 침대에서 뛰지 않는 게 우리 규칙이잖아. 자, 침대 위를 정리해야겠네. 어때? 할 수 있겠지? 엄마는 부엌에 있을 테니까 다 되면 와서 알려줘."

실천하기

'엄격하고 공정하되 다정하게' 법칙

부모는 다음 사항에 대해 엄격해야 한다.

- ♡ 정직하고 예의 바른가?
- ♡ 자기 자신, 타인, 물건을 소중히 여기고 안전을 지키는가?
- ♡ 시작한 일을 다 끝내는가?

부모는 다음과 같이 공정해야 한다.

- ♡ 자녀의 말에 귀를 기울이고 부당하다고 생각되는 결정은 즉시 수정한다.
- ♡ 아이에 따라 다른 규칙을 인정해야 한다(예를 들어, 나이와 발달 단계에 따라 취침 시간을 다르게 정해줄 수 있다).
- ♡ 논리적이고 합리적인 규칙을 정한다.
- ♡ 편애하지 않고 무조건적으로 사랑한다.

부모는 다음과 같이 다정해야 한다.

- ♡ 자녀에게 폭력을 행사하지 않아야 한다.
- ♡ 다음번에 같은 문제를 되풀이하지 않기 위해 자녀 스스로 계획을 세우게 해야 한다.

- ♡ 차분하고 사려 깊어야 한다. 사용하는 단어, 말투, 비언어적 행동, 시기 선택 등을 신중히 한다.
- ♡ 트집 잡는 말로 갈등을 일으키지 않는다.

성실함이 두뇌를 건강하게 한다

미국 러시대학교의 로버트 윌슨(Robert Wilson)이 한 연구에 따르면, 성실한 사람들은 치매에 걸릴 가능성이 크게 줄어든다고 한다. 그리고 부모가 딸에게 자기 방 정리하는 버릇을 들이는 데에서부터 성실성을 키워줄 수 있다고 주장했다. 이는 부모가 가정 안에서 규칙을 만들어 자녀들을 바르게 훈육하는 일이 매우 중요함을 시사한다. 어린 딸에게 적용하기에는 너무 먼 미래의 이야기처럼 들릴지 모르지만, 윌슨 박사는 알츠하이머에 걸릴 위험을 낮추려면 근면하고, 목표가 확실하고, 신뢰할 수 있는 사람이 되어야 한다고 주장했다.

딸의 요구에 무조건 'NO'를 외치지 마라

바바라 코로로소(Barbara Coloroso)는 아이들에게 책임감과 주인 의식을 키워주는 분야의 전문가다. 다음은 바바라 코로로소가 했던 말 중에서 십대 자녀를 둔 부모에게 도움이 될만한 내용이다.

"자녀가 어떤 요구를 해온다면 이에 대해 내가 추천하고 싶은 대답은 '나를 설득시켜봐.'이다."

사실 이 말은 많은 경우에 적용할 수 있다. 딸이 "엄마, 내 친구들은…" 또는 "엄마, 언니는 된다고 했잖아."라고 하면 부모는 "나를 설득시켜 봐."라고 대답하면 된다. 바바라는 이와 관련해 다음과 같은 말도 했다.

"부모들은 '안 돼!'라는 말을 지나치게 자주 한다. 이제부터는 안 된다는 말 대신 자녀에게 선택의 기회를 주자. 자녀들은 거절당한 게 아니라 협상할 수 있다는 사실을 알게 될 것이다. 그러면 더 이상 가족끼리 서먹해지지 않고 사이좋게 어울릴 수 있다. 물론 엄마, 아빠는 어른이니까 정말 필요할 경우에는 안 된다고 확실히 말할 수 있어야 한다."

딸 잘 키우는 tip
인격에 집중하는 법

자녀들 앞에서 부모가 중요하게 생각하는 인격적 특성에 대해 긍정적으로 평가하는 습관을 들인다. "정말 창의적이구나.", "네 열정에 감동받았어."와 같은 말은 가정 내에 좋은 분위기를 형성한다.

딸에게 동기 부여할 수 있는 롤 모델을 찾아줘라

딸에게 훈육과 이상을 심어주는 과정은 동전의 양면과도 같다. 부모는 훈육을 통해 딸이 평생 소중히 여기게 될 이상과 가치를 심어줄 수 있다. 부모는 딸에게 영감을 불어넣을 다양한 방법을 생각해봐야 한다. 딸과 여성 위인들의 삶에 대해 토론해보는 것도 좋다. 나이팅게일, 마더 테레사 같은 역사상 위대한 여성들은 물론이고, 뛰어난 자질, 위엄, 자기 훈련을 보여준 현대 여성들을 대화의 주제로 삼아본다. 그 여성들의 삶과 관련된 이야기를 읽고 세상에 커다란 영향을 끼친 사람들에 대해 토론함으로써 아이에게 긍정적인 영향을 줄 수 있다.

부모는 항상 딸의 편이라는 것을 알게 하라

딸이 부모에게 무엇이든 이야기할 수 있고, 부모는 무슨 일이 있어도 자신의 편이라는 사실을 알게 해야 한다. 중요한 것은 맞서야 할 대상이 딸이 아니라 문제라는 사실이다. 다음과 같이 말해보자.

"정말 안됐구나. 상황이 좋아지려면 어떻게 해야 할까?"

"난 네가 반드시 이 문제를 해결하리라 믿어. 혹시 내 도움이 필요하면 언제든 이야기하렴."

딸을 올바르게 훈육하려면…

- 정확한 규칙을 정하고 행동의 경계를 명확하게 구분한다.
- 규칙을 어기면 이성적으로 합당한 벌칙을 받게 한다.
- 행동에 대한 처벌과 보상은 그 자리에서 즉시 이루어져야 한다. 포상과 응징이 없는 규칙은 규칙이 아니다.
- 딸에게 잠재된 가능성을 최대한 끌어내겠다는 관점에서 훈육한다.
- 딸에게 옳고 그름을 가르치고 처세술과 자기 훈련 능력을 키워준다. 부모로서 예절과 규칙을 지키고 자기 훈련의 본을 보인다.
- 부모가 원하지 않는 행동이 무엇인지 확실히 알려주고 원하는 것은 행동으로 옮겨 습관이 되게 한다. 딸이 부모의 의도를 제대로 이해했다면 칭찬해준다.

1년 앞을 내다보며 계획을 세우려면 씨앗을 뿌려라. 10년 앞을 내다보며 계획을 세우려면 나무를 심어라. 인생 전체를 걸고 계획을 세우려면 사람을 교육하라.

중국 속담

아이들은 남에게 잘 보이려고 꾸미지 않고 있는 그대로 이해받는 일이 필요하다. 자녀의 감정을 잘 이해해주면 어렸을 때 누리지 못했던 것을 평생 찾아 헤매는 일을 피하게 해줄 수 있다.

플로렌스 리타우어, 《기질 플러스》

여자아이들은 자기답게 머물 때 스스로를 더 마음에 들어 하고 친절해질 수 있다. 우리는 이것을 '자신감에 넘치는 친절'이라 부른다. 다른 사람을 돌보고 도와주는 것은 심리적으로 안정되고 자존감이 확고한 상태에서 우러나야 의미가 있음을 알 수 있다.

세릴 델라세가, 채리스 닉슨, 《소녀들의 전쟁》

CHAPTER 08
초등학생 딸은 더 이상 품 안의 자식이 아니다

초등학교 시기는 양육이란 관점에서 볼 때 더없이 중요하다. 대부분의 아이들은 이 시기에 평생 지니게 될 자질과 자신감을 갖추게 된다. 딸은 이 시기가 되면 유아기를 벗어나 조금씩 부모로부터 독립하게 되고, 부모는 그만큼씩 편해지는 느낌을 받는다. 학령기 여자아이들은 흑백이 분명한 규칙을 좋아한다. 또, 부모나 선생님 혹은 그 외의 어른들로부터 무엇이 옳고 그른지 배우기 위해 마음을 활짝 열어두고 있다. 이 시기 딸들은 다른 사람들과 잘 지내고 우정을 키우는 법도 배운다. 무엇이든 할 수 있다는 자세가 이 시기의 특징이므로 악기나 운동을 가르치는 데 적기이며 자존감을 키워주기에도 더할 나위 없이 좋다.

현대인의 삶은 많은 방면에서 편해졌다. 엄마들은 자녀가 유치원에 갈 나이가 되면 재취업하거나 자기 일을 할 수 있다. 즉, 이 시기 부모들은 양육 일선에서 어느 정도 물러나게 된다. 아이가 다니는 유치원이나 학교의 일정만 관리하면 대부분의 양육이 그 안에서 이루어지기 때문이다. 아이를 학원이나 방과 후 활동 교실에 데려다주고 숙제도 도와줘야 하지만, 자녀가 한시도 눈을 뗄 수 없었던 유아기를 벗어난 것만으로도 양육이 한결 쉽게 느껴질 것이다.

하지만 이 시기에는 부모로서 해야 할 중요한 일이 있다. 자녀에게 인격의 기본을 갖추도록 해주고, 가족이 함께하는 추억을 만들어주고, 삶의 아름다움을 가르쳐줘야 한다. 또, 딸과 즐거운 시간을 보내며 깊은 유대감을 쌓아두면 그 후 닥칠 사춘기를 한결 부드럽게 보낼 수 있다. 가끔 이 시기를 '폭풍 전야의 고요'라 부르기도 한다. 부모는 이 고요함 속에서 딸에게 '가치의 옷'을 짜줄 수 있다. 나중에 딸이 더 자라면 딸은 이 옷을 풀어 자신에게 맞는 새로운 옷으로 만들어 입을 것이다. 어쨌든 초등학생 딸을 둔 부모는 그러한 옷을 만들 수 있는 재료를 미리 제공해줘야 한다.

부모가 딸의 생각과 적극성을 격려해주기만 한다면 가정은 딸의 창조성을 키워주는 요람이 될 수 있다. 예를 들어, 딸에게 가족들이 함께하는 저녁 토론을 준비하게 해보자. 테이블에 꽃을 꽂아두고, 각자 대답해야 할 질문을 적은 쪽지를 접시 아래에 두는 일을 책임지게 한다. 또는, 저녁 식사 메뉴를 고르고 식사 준비를 돕게 한다.

우리 집은 각자 학교와 직장으로 나서기 전에 하루 동안 할 일에 대해 짧게 이야기 나누곤 했다. 이 시간을 통해 가족들은 바쁜 아침 집을 나서기 전 한숨을 돌리며 마음을 가라앉힐 수 있었고, 특히 아이들은 가정을 통해 지지받고 있다는 긍정적인 기분을 느끼며 하루를 시작할 수 있었다. 이러한 아침 일상은 가족 모두를 아침에 30분쯤 일찍 일어나도록 만들었다. 사실 분주한 아침에 시간을 마련한다는 게 모든 가정에서 가능하지는 않다. 하지만 가족 간의 유대를 무엇보다 중시한다면 이 시간이 얼마나 큰 효과를 나타내는지 경험하고 놀라게 될 것이다.

가족만의 전통을 만들고 지켜가려면 시간과 노력이 필요하다. 가족의 전통이 가족들이 함께하는 일상 속으로 스며들도록 진지하게 준비하고 계획을 짜야 한다. 부모는 해야 할 많은 일이 있고 항상 바쁘지만 일을 좀 줄이고 일주일에 하루정도는 온전히 쉬면서 가족 관계 회복을 위해 노력할 필요가 있다. 이는 가정 분위기를 훨씬 더 행복하게 만들고, 혹여 위기가 오더라도 지혜롭게 넘길 수 있게 한다.

경제적인 목표 달성이 늦어지고 계획했던 일이 미뤄질 수도 있지만, 그 대신에 딸과 함께할 수 있는 중요한 시기를 최대한 이용할 수 있다는 것을 명심한다. 아이들에게 가치와 신념을 가르치기에 가장 효과적인 시기는 7~15살 사이이며 13살에서 정점을 이룬다. 이 시기에 아이들의 내면에는 '도덕적 나침반'이 자리 잡게 되고 옳고 그른 것에 대한 확고한 의식이 생긴다. 이때 자리 잡은 내면적 가치는 나이가 들어도 좀처럼 변하지 않는다. 그래서 십대를 지난 후에도 종교적 신념이나 도덕적 가치관은 쉽게 다른 것으로 대치되지 않는다.

딸에게 가치를 가르쳐라

딸들은 부모의 행동을 보고 많은 소중한 가치를 배운다. 그러니 부모가 가르치고 싶은 미덕이 녹아 있는 이야기와 삶 속에서 지키고 실현해야 할 이상이 무엇인지 딸에게 들려줄 필요가 있다. 아이의 마음은 정원과 같다. 부모가 이 정원에 신념과 기대, 자녀가 갖췄으면 하는 태도의 씨앗을 심고 기르면 잡초가 자랄 틈이 없어진다. 긍정적인 가르침은 자녀가 나쁜 행동과 태도에 휩쓸리지 않도록 막아준다. 이와 관련해 모든 부모들이 마음에 새겨야 할 말이 있다.

> 생각의 씨앗을 뿌리면 행동을 열매로 거둔다. 행동의 씨앗을 뿌리면 습관을 열매로 거둔다. 습관의 씨앗을 부리면 인격을 열매로 거둔다. 인격의 씨앗을 뿌리면 운명을 열매로 거둔다.

자녀 교육 전문가 짐 와이드먼(Jim Weidman)은 부모가 자녀에게 물려주는 유산을 정신적 유산, 사회적 유산, 감정적 유산의 세 가지로 나눴다. 그리고 자녀에게 결코 물려주지 말아야할 것으로는 부모가 어린 시절 받았던 잘못된 양육을 꼽았다. 그는 현재 자신이 부모로서 하는 행동에 대해 다시 생각해보고 긍정적인 결단을 내리는 것만으로도 생활 패턴과 양육 태도에 숨겨져 자식에게로 전해지는 불행한 DNA를 바꿀 수 있다고 했다. 특히 딸은 부모가 만드는 가정 환경을 통해 인간관계와 관련된 유산을 물려받는다. 부모를 본보기로 삼아 존경과 복종을 배우고, 자신이 자라난 가정을 통해 가족은 서로에게 어떤 존재가 되어야 하는지 알게 된다.

    짐 와이드먼은 가족으로서의 정체성을 확인시켜주는 전통에 대해서도 이야기하고 있다. 이러한 전통은 아이들에게 그들이 누구이고 어디에 소속되어 있는지 깨닫게 해주고, 그 과정을 통해 성숙하게 한다. 그에 따르면, 가정에서 자녀들에게 소중한 가치를 유산으로 물려줄 때 'AROMA'를 통하는 것이 가장 효과적이라고 한다. AROMA는 '애정(Affection), 존중(Respect), 질서(Order), 즐거움(Merriment), 지지(Affirmation)'의 머리글자를 딴 것이다. 부모는 이를 통해 자녀들의 마음에 평생 남을 사랑이 넘치는 조화로운 가정을 만들 수 있다. 만약 가정에 AROMA가 없다면 아이들은 부모가 가르치려는 가치와 신념을 받아들이기보다는 거부하며 반항하기 쉽다.

    아이들은 즐거움을 느낄 때 학습 효과가 크다. 아이의 흥미를 유발시키는 간단한 과정을 통해 중요한 것을 가르칠 수 있다. 이와 관련해 짐 와이드먼은 재미있는 게임을 소개했다. 가족들이 저녁 시간에 모여 할 수 있는 이 게임은 말의 힘이 얼마나 강력하고 큰 영향을 끼치는지 설명하기 위한 것이다. 특히 여자아이들은 생활 속에서 다른 사람들로부터 듣는 말에 예민하게 반응하고, 말로 서로를 공격하고 관계가 틀어지는 일이 많다. 따라서 이러한 게임을 통해 어려서부터 바른 언어생활 태도에 대해 배워둘 필요가 있다.

딸 잘 키우는 tip
가족 게임을 통해 말의 힘 배우기

♡ **게임하기** | 자녀들을 식탁에 둘러앉게 한다. 치약과 종이접시를 하나씩 나누어준다. 누가 치약을 한 방울도 남기지 않고 접시 위에 잘 짜는지 시합한다. 시간은 2~3분 정도 준다. 시간이 되면 모두 멈추게 한 뒤 숟가락을 하나씩 나누어준다. 식탁 위에 천 원짜리를 올려두고 치약을 가장 먼저 튜브 속에 다시 집어넣은 사람에게 상으로 주겠다고 말한다. 치약을 짜는 데 걸린 시간의 2배 정도인 4~6분 정도 시간을 준다.

- ♡ 　질문하기 | 치약을 짜는 것과 다시 집어넣는 것 중 어느 쪽이 더 힘들었지?
- ♡ 　깨닫기 | 한번 뱉어낸 말은 결코 다시 집어삼킬 수 없다. 짜낸 치약을 다시 튜브 안으로 집어넣을 수 없는 것과 같은 이치다. 마음에 담아뒀던 말을 입 밖으로 뱉어내면 다시 입을 통해 마음속으로 집어넣을 수 없다. 마음에 담아둔 것이 정신을 지배하고 정신을 지배하는 것이 말을 통제한다. 우리는 말을 통해 다른 사람에게 힘을 줄 수도 있고 절망 속으로 밀어 넣을 수도 있다.
- ♡ 　실천하기 | 내가 대접받고 싶은 대로 다른 사람을 대접하자.

딸의 외향성, 내향성을 파악하라

우리가 살면서 만나는 그 누군가를 진정으로 이해할 때에도 마찬가지이지만 특히 딸을 제대로 이해한다는 것은 평생이 걸리는 작업이다. 부모가 딸의 인격적 특성을 잘 관찰해 어떤 성격을 타고났는지 알아주기만 해도 딸은 이해받는다는 기분을 느낀다. 나아가 딸이 사춘기에 접어들거나 스트레스를 받아 민감해질 때 부모와 충돌할 가능성을 줄일 수 있다.

　딸이 내향적이든 외향적이든 자라면서 부모와 상호 반응을 하게 된다. 딸과 부모가 서로 타고난 성향이 비슷하면 마음이 잘 통할 것이다. 하지만 서로 반대되는 성향을 가지고 있다면 마음이 통하는 데 어려움이 따르고 시간이 많이 걸린다. 딸이 외향적인 성격이라면 부모에게 모든 것을 이야기하고 많은 친구를 쉽게 사귀며 자신의 생각을 즉시 다른 사람들과 공유한다. 하지만 내향적인 성격이라면 적절한 때에 사람들과 어울리고 사교적인 아이로 키우기 쉽지 않다.

대부분의 사람들이 내향성과 외향성에 대해 알고 있는 바를 정리해보면 다음과 같다. 외향적인 사람은 사교적이고 이야기하기를 좋아하며 많은 사람들과 어울리는 자리를 좋아한다. 하지만 내향적인 사람들은 조용하고 생각하기를 좋아하며 친한 사람과 일대일로 만나는 것을 좋아한다. 이러한 일반화가 사실이기는 하지만 여기에 좀 더 덧붙여 설명해본다.

외향적인 사람은 어떤 것을 생각하고 말하기까지 걸리는 시간이 아주 짧다. 그들은 자신의 생각을 거침없이 이야기하고, 대화를 하다 보면 어느새 처음과는 다른 생각으로 바뀌기도 한다. 갑자기 머릿속에 떠오른 생각을 이야기하느라 대화 중간에 끼어들기도 하고, 대화가 끊기면 틈을 메우려 애쓴다. 이와 반대로 내향적인 사람은 생각에 생각을 거듭한 뒤 어느 정도 정리되면 속마음을 이야기한다. 이들은 어떤 의견을 말하기 전에 머릿속으로 자기 자신과 수도 없이 많은 이야기를 나눈다. 자신의 이와 같은 성향을 잘 아는 내향적인 사람들은 말 많은 외향적인 사람이 더 많은 주목을 받는다 해도 개의치 않고 자기답게 행동한다.

내향적인 성향의 딸을 둔 부모는 딸이 저녁 식탁 대화에 꼭 참여할 수 있도록 배려해야 한다. 이야기하기를 좋아하는 다른 형제자매들처럼 자신의 생각, 감정, 바람을 이야기하도록 기회를 주고 격려한다. 아마 내향적인 딸이 자신의 생각을 이야기하기까지는 다른 성향을 가진 자녀보다 더 많은 시간이 걸릴 수 있다. 외향적이든 내향적이든 모든 가족이 대화에 참여하게 하려면 이야기 순서 막대를 만들어 이야기를 마치면 옆 사람에게 건네주고 돌리게 하는 것이 좋다. 막대를 받은 사람은 자신이 이야기할 순서임을 알고 대화에 참여하기 때문에 가장 어린 막내나 말수가 적은 사람도 자신의 생각을 이야기하게 된다.

내향적인 딸을 둔 부모는 조금 특별한 듣기 기술을 연습할 필요가 있다. 딸이 자신의 내면에서 들려오는 목소리를 이해하도록 돕기 위해 아이의 말을 그대로 되풀이하며 맞장구쳐줄 필요가 있다. 이러한 식으로 부모가 딸의 감정을 해석해서 다시 들려주면 딸은 자신이 관찰하고 생각한 바에 대한 의심을 버리고 믿을 수 있게 된다. 이를 위해 부모는 딸이 들려준 이야기를 되풀이하며 "그래 …한 것 같구나." "저런 …한 것처럼 보이는구나." 하는 식으로 호응해주는 연습을 해야 한다. 사람은 성격 유형에 따라 좋아하는 바와 원하는 바가 다르다. 이를 제대로 이해하면 자녀와 진정으로 소통할 수 있는 길이 열린다.

| 외향적인 사람에게 필요한 것 |

○ 자신을 표현할 기회
○ 열린 대화
○ 즉각적인 대답(대화가 오랫동안 끊이지 않는 것)
○ 행동
○ 함께하는 사람들

| 내향적인 사람에게 필요한 것 |

○ 대답하고 반응하기 전에 생각하기
○ 집중할 수 있는 조용한 시간
○ 방해받지 않는 것
○ 일대일 또는 소그룹 대화
○ 토론 주제를 미리 알려주기

딸이 좋아하는 사랑의 언어를 파악하라

사랑의 언어를 다루는 수많은 책이 출간되었지만 그중에서 가장 널리 알려진 저자는 그레이 채프먼(Gray Chapman) 박사다. 채프먼 박사에 따르면, 사람들은 저마다 다른 방법으로 사랑을 주고받는데 이는 대략 다섯 가지로 나뉜다. 물론 선호하는 방법은 제각각이다. 자녀가 어떤 방법을 선호하는지 알면 아이가 부모로부터 가장 사랑받고, 인정받고 있다고 느끼도록 만들기 위해 어떻게 하면 좋을지 알 수 있다. 어떤 아이는 부모와 함께 즐겁고 친밀한 시간을 보내면 사랑받고 있다고 느낀다. 그런데 자녀의 이러한 성향을 알지 못하는 부모는 칭찬을 해주거나 선물을 사주는 것으로 사랑을 표현한다. 부모가 자녀에게 사랑을 표현하는 방법은 다음과 같이 나뉜다.

- 안아주기
- 칭찬하기
- 함께 시간 보내기
- 선물 주기
- 보살피기

사람들은 위의 다섯 가지 중 어떤 방법으로 사랑받기를 좋아하든 간에 그와 똑같은 방법으로 다른 사람에게 사랑을 표현하고 싶어 한다. 딸이 늘 다른 가족들을 위해 선물을 포장하고 있다면 이는 자신의 사랑을 표현하는 언어로 '선물 주기'

를 선호한다는 의미다. 따라서 부모가 딸을 위해 깜짝 선물을 사주면 딸은 사랑받는다고 느낄 것이다. 한편, 어떤 아이는 선물보다는 칭찬받기를 갈망하고, 어떤 아이는 부모가 안아주는 것을 좋아한다. 또, 부모가 함께 시간을 보내주는 것을 가장 좋아하는 아이도 있다.

아이들은 다섯 가지 언어를 통해 부모로부터 사랑받을 자격이 충분하다. 하지만 딸의 성격을 알고 진정으로 이해하려면 딸이 선호하는 언어를 구사하기 위한 기초적인 기술을 익혀야 한다. 딸을 주의 깊게 관찰해 성향을 파악하면 딸이 선호하는 사랑의 언어를 통해 민감하게 반응할 수 있다. 그렇게 되면 딸은 자신이 부모로부터 충분히 사랑받는다고 느끼게 된다.

다섯 가지 언어를 가족 모두에게 알려주고 자녀들이 어떤 언어를 좋아하는지 물어보자. 그리고 가까운 친구나 가족들은 어떤 언어를 좋아할 것이라 생각하는지 물어보자. 딸은 보통 6~7살 정도가 되면 자신이 어떤 언어를 좋아하는지 표현할 수 있다. 예상 밖으로 모든 아이들이 선물을 좋아한다고 대답하지는 않으므로 아이의 의견을 들어볼 필요가 있다.

딸의 성격 유형을 파악하라

성격이 강한 사자형 아이들은 결정권을 가질 때 편안한 기분이 든다. 하지만 꼼꼼하고 질서 정연한 것을 좋아하는 비버형 아이들에게는 좀 더 다른 유형의 양육이 필요하다. 존 트렌트(John Trent)와 게리 스몰리(Gary Smalley)가 쓴 《보물 나무(The Treasure Tree)》는 성격 유형과 성격이 다른 사람들과 협력하는 법을 다루고 있다. 이 책의 큰 줄거리는 사자, 수달, 비버, 사냥개가 보물을 찾아 여행을 떠나지만 결국 각자의 성격이 가장 소중한 보물이라는 것을 깨닫는다는 이야기다. 이 책에서 나오는 동물은 주위에서 흔히 볼 수 있는 사람들의 성격 유형을 떠올리게 만든다. 사자는 어디를 가든 우두머리가 되려 하고 비버는 꼼꼼하다. 성격 유형을 파악할 때는 반대되는 특성에 유념하면 도움이 될 때가 많다. 예를 들어, 사자형은 이기는 것을 좋아하고 지는 것을 싫어한다. 비버형은 질서를 좋아하고 혼란을 싫어한다. 이처럼 사람의 성격을 동물 타입으로 나누면, 그 사람의 생각과 행동 패턴을 이해하기 쉬울 뿐만 아니라 어떤 식으로 대접받기 원하는지 파악할 수 있다.

각 가족 구성원의 개성을 이해하고 받아들이면 가정 분위기가 한결 좋아진다. 가장 자기 자신다워질 수 있고 서로 다른 점을 존중해주면서 장점을 배우고 약점을 존중해줄 수도 있다. 부모는 자신의 성격 유형이 이끄는 대로 딸을 양육하기 쉽다. 하지만 딸의 성격 유형은 부모와 아주 다르거나 최소한 같지는 않다. 이러한 점에서 딸을 양육하는 일은 서로를 진정으로 이해하기 위한 흥미로운 연습 과정이 될 수 있다. 부모는 이를 통해 가장 효과적인 양육법을 발견하고 개발한다.

부모가 정리를 좋아하는 비버형이라면 아마도 "이것만 하고 금방 갈게."라는 말을 자주 할 것이다. 비버형은 즐겁게 놀기 전에 해야 할 일 목록에 있는 모든 일을 마쳐야 직성이 풀리는 타입이다. 한편, 재미를 추구하는 수달형 부모는 규칙을 정하거나 지키는 것을 어려워한다. 어렸을 때에도 규칙을 좋아하지 않았지만 어른이 된 지금도 규칙은 여전히 성가신 방해물로 느껴진다. 사냥개형 부모는 다른 사람들과의 조화와 그들로부터 호감을 사는 일을 중시한다. 그러므로 줏대 없는 양육을 하지 않도록 유의해야 한다. 부모의 성격이 사자형이라면 '나이키' 부모가 되기 쉽다. 자녀들을 향해 "일단 해봐(Just do it)."를 연발할 것이다.

어떤 유형의 부모이든 다정하지만 엄격한 양육 스타일을 유지한다면 후회 없는 선택이 될 것이다. 부모와 딸의 성격 유형을 염두에 두면서 자신의 가정에 가장 잘 어울리는 방법으로 이 원칙을 지켜나가도록 한다.

딸에게 우정은 민감한 사항이다

여자아이가 느끼는 행복감이나 정체성은 어떤 우정을 유지하는지에 따라 크게 달라진다. 또, 아이들 성격의 모난 부분을 다듬어 원만하게 해주는 것도 바로 우정을 통해서이고, 다른 사람들과 거래를 하거나 더 큰 일을 위해 타협하는 법도 배울 수 있다. 아이들은 친구를 사귀며 작은 배신과 분노를 경험하기도 하는데, 이러한 과정을 통해 윤리 의식을 발달시키고 다른 사람을 평가할 때 어떤 요소를 중시해야 하는지 깨닫는다.

물론 이 과정이 항상 즐겁지만은 않으며 가끔은 고통스럽게 느껴질 수 있다. 딸이 어릴 때에는 우정처럼 중요한 것도 없다. 따라서 딸이 친구와 사이가 나빠져 힘들어하면 격려해주고, 먼저 친절하고 사려 깊은 사람이 되면 친구를 잘 사귈 수 있다고 이야기해주면 좋다. 또, 딸을 화나게 만드는 친구의 행동이나 말은 일부러 그런 것이 아니라고 알려줘야 한다. 딸은 이러한 대화를 통해 같은 것을 보고 들어도 사람마다 느끼는 방식이 매우 다르다는 것을 배울 수 있다. 아이들은 관찰에는 뛰어나도 해석에는 서툴다. 그래서 다른 사람이 아무 의도 없이 한 말이나 행동을 종종 자신에 대한 비난이나 공격으로 받아들인다. 이럴 때 사랑이 넘치는 어른들만이 아이의 잘못된 해석을 바로잡아줄 수 있다.

부모는 딸이 우정을 지키고 키울 수 있도록 돕는 역할을 할 수 있다. 딸의 우정을 지켜주는 방법 중 하나는 딸 친구의 부모와 친구가 되어 친절을 베푸는 것이다. 모든 딸들이 많은 친구를 가질 필요는 없다. 하지만 단 한 명의 친구도 없다면 딸은 외롭고 힘든 상황에 빠질 가능성이 크다.

딸이 따돌림을 받거나 친구에게 폭력을 당하고 있다는 사실을 알게 되면 가장 먼저 아낌없는 사랑과 지지를 보여줘야 한다. 그리고 확실하게 자기주장을 하며 스스로를 지키기 위해 어떻게 행동할지에 대해 딸과 함께 생각해봐야 한다. 이후로도 문제가 개선되지 않고 극단적인 방향으로 흐른다면 어떤 식으로든 부모가 개입할 필요가 있다. 상대 아이의 부모와 충돌하는 것은 효과가 없을 뿐만 아니라 오히려 역효과를 낳는다. 학교로 찾아가 딸을 괴롭힌 친구를 혼내고 싶은 마음이 굴뚝같겠지만 평정심을 유지하며 선생님에게 이러한 사실을 알리도록 한다.

딸에게 관계 맺기 기술이 필요하다면 다음과 같은 질문을 던져보자.

"너는 그때 어떻게 행동했니?"
"그래서 그 일은 어떤 결과를 낳았지?"
"다음에 어떻게 행동할 거니?"

집단 따돌림이나 괴롭힘은 여자아이들에게 아주 미묘한 문제다. 한 엄마가 어느 날 9살 딸이 지갑에서 돈을 훔치는 것을 발견했다. 엄마는 걱정스러웠지만 차분하게 한 걸음 물러나 딸이 왜 이러한 행동을 하게 되었는지 알아보기 시작했다. 그 결과 딸이 자기보다 나이 많은 여자아이들로부터 괴롭힘을 당하고 있다는 사실을 알게 되었다. 딸에게 무슨 일이 일어나고 있는지 알게 된 엄마는 딸을 따뜻하게 감싸줬다. 그리고 심부름이나 집안일을 시키고 나서 용돈을 평소보다 많이 줌으로써 훔친 돈을 되돌려놓게 했다. 물론 딸의 이야기를 주의 깊게 들어주고 "사랑하는 우리 딸, 그런 아이들과는 친하게 지낼 필요가 없단다."라고 말하는 것도 잊지 않았다. 다행히도 이 일은 딸이 자신을 괴롭히는 아이들을 떠남으로써 해결되었다. 사례에서도 알 수 있듯이 딸에게 어른의 지혜와 위로를 전하고 싶다면 우선 아이의 말을 귀 기울여 잘 들어줘야 한다.

여자아이들이 셋 있으면 가끔 그중 두 명이서 나머지 한 명을 은근히 따돌리는 일이 발생하기 쉽다. 이와 같은 상황에서 아이들을 괴롭히는 것은 꼬인 관계를 스스로 해결할 수 없다는 사실이다. 만일 성격이 강한 한 친구의 선동으로 나머지 한 친구도 등을 돌리게 되면 딸은 심한 배신감을 느낀다. 이때 부모로서 할 일은 딸을 위로하고 격려하는 것이다. 나쁘게 행동하고 있는 사람은 딸이 아니라 다른 친구들이라는 것을 확실히 말해준다. 또한, 딸이 어려운 시기를 극복해나가는 동안 다른 취미, 운동, 흥밋거리에 주의를 기울이고 에너지를 쏟도록 도와줘야 한다. 부모는 몇 가지 질문을 하고 행동을 제안해 어려움에 처한 딸을 도울 수 있다.

"너보다 더 외로운 처지에 있는 친구들을 생각해봐. 네가 먼저 그 애들한테 다가가 좋은 친구가 될 수 있을 거야."

"너희들이 예전처럼 아주 친한 친구 사이는 아니더라도 여전히 친구로 남을 수 있어."

딸 잘 키우는 tip

♡ 딸이 강해지도록 도와주는 비결은 아이의 말에 귀를 기울여주는 것이다.

♡ 어느 날 딸이 학교에서 돌아와 "아무도 나를 좋아하지 않아." 혹은 "모두 나를 싫어해."라고 한다면 부모는 어려운 판단을 해야 한다. 아이가 친구들과 일시적으로 사이가 나빠졌을 수도 있고, 지속적으로 집단 따돌림을 당하는 중일 수도 있다. 선생님, 딸의 친구들, 또 딸 친구들의 부모에게 딸의 교우 관계와 학교생활에 대해 물어보도록 한다.

♡ 딸에게 그룹 활동을 할 수 있는 다양한 기회를 만들어준다. 운동, 음악, 걸스카우트, 연극 활동을 통해 친구들과 어울리고 우정을 쌓으면 학교에서 문제가 생겼을 때 좋은 대안이 될 수 있다.

딸에게 친구 사귀는 법을 가르쳐라

인기가 반드시 우정과 같은 의미는 아니다. 어떤 아이들은 혼자 있는 시간을 더 즐겁게 보내기도 하고, 2~3명의 좋은 친구만 있어도 만족한다. 기질적으로 많은 친구들과 어울리며 최고의 우정을 누릴 때 행복해지는 아이들도 있다. 한 가지 확실한 것은 아이의 성격이 어떤 유형이든 친구들과 잘 어울리는 사회성은 필요하다는 사실이다. 그리고 모든 아이들은 이와 관련해 부모의 도움을 받을 때 심리적으로 안정된다.

  부모는 딸이 자라는 동안 좋은 우정을 키워가도록 세심하게 안내할 수 있는 훌륭한 조력자가 되어야 한다. 우선, 딸에게 친구를 초대하거나 칭찬해주는 일처럼 다른 사람을 사귀기 위한 기본적인 노하우를 가르친다. 대화를 시작하는 데 필요한 표현을 나이에 적절하게 알려주고, 초대한 친구를 대접하는 방법을 가르친다. "네가 먼저 해봐."라든가 "우리 이제 뭐할까?"처럼 상대방을 배려하는 말을 하게 한다. 그리고 팀워크가 필요한 일을 할 때 함께하는 동료를 격려하는 법도 말해준다. "좋은 생각이야." 또는 "잘했어."와 같은 말을 평소 집에서도 자주 사용하도록 가르치면 도움이 된다. 친구나 가족을 위해 선물을 준비하고 카드를 쓰는 것은 딸의 사교적인 능력을 키우는 데 좋다. 딸이 자기 자신에게만 집중하지 않고 주변 사람들에게 관심을 돌릴 수 있도록 긍정적인 도움을 주자.

딸의 친구를 초청해 집에서 재우도록 허락해보자. 초청은 딸이 직접 하더라도 딸 친구의 부모와 친해질 수 있도록 노력하자. 이는 아이들의 우정이 더욱 커질 수 있게 도와준다. 부모들 사이의 열린 대화는 아이들 사이에 훌륭한 우정을 키우는 데 큰 도움이 된다.

딸의 교우 관계에 관심을 가져라

일부 학교 선생님들은 학부모들이 자녀의 학업 성적에 대해서만 자세히 알려 한다며 안타까워한다. 학교생활에서 사회성과 관련된 문제는 성적보다 훨씬 중요하다. 따라서 학교에 상담을 하러 간 부모라면 반드시 다음과 같은 질문을 해야 한다.

"아이가 친구들과 잘 지내나요?"

"친하게 지내는 친구들이 있나요?

몇몇 아이들은 다른 아이들에게 너무나 자연스러운 일을 낯설어하고 힘겨워한다. 딸이 그러한 경우라면 항상 주의 깊게 관찰하며 격려하고 조언해줘야 한다.

우정 놀이

'우정 놀이'는 딸에게 우정을 키우기 위해 언제, 무엇을 해야 할지에 대해 가르쳐주기 위한 것이다. 이 놀이는 딸이 스트레스를 받지 않고 가벼운 마음으로 교우 관계를 유지할 수 있게 도와준다. 하루를 마무리할 때 아이에게 우정 놀이가 어떻게 되어가고 있는지 묻는다. 예를 들어, 오늘은 친구랑 잘 지냈는지 혹은 새로운 친구를 사귀었는지 묻는 대신에 "오늘 우정 놀이는 어땠니? 어느 부분을 해봤니?"라고 물어보는 것이다. 딸은 우정 놀이를 통해 자신의 교우 관계를 되돌아보거나 친구를 사귀는 방법에 대해 배우고 친구들 사이에서 발생할 수 있는 상황을 헤쳐 나가기 위한 계획을 세울 수 있다.

실천하기

우정 놀이의 기본 규칙

- ♡ 친구들에게 스스로에 대한 질문을 한다.
- ♡ 친구들이 무리 지어 앉기 전에 먼저 말을 건다.
- ♡ 친구들에게 다가가 어울려도 되는지 물어본다. 친구들이 먼저 놀자고 물어볼 때까지 기다리지 않는다. 다양한 무리

의 친구들과 어울린다.
- ♡ 가능하면 학급에 있는 모든 아이들과 친구가 된다.
- ♡ 친구의 요청을 거절해야 할 경우에는 반드시 이유를 말한다.

우정 놀이를 하는 방법

- ♡ 구내식당에서 간식을 먹거나 점심을 먹을 때에는 최소한 한 명의 친구와 함께 앉는다. 혼자 앉아 있으면 친구들은 혼자 있고 싶어 한다고 생각할 수 있다.
- ♡ 친구들과 하는 여러 가지 놀이를 즐긴다. 놀이를 하면서 불평을 하지 않고, 지고 있다거나 지루하다고 해서 놀이를 중간에 그만두지 않는다.
- ♡ 친구의 관심사를 알아내서 그것에 대해 좀 더 자세히 이야기해달라고 한다.
- ♡ 많은 친구를 사귀고 짧더라도 친밀한 시간을 보낸다.

딸에게 예절을 가르쳐라

훌륭한 예절은 올바른 행동을 쌓아가는 데 기초가 된다. 집에서 예절을 가르치고 공손한 행동의 본을 보이자. 그리고 '고맙습니다, 미안합니다'와 같은 말을 적절히 쓰도록 규칙을 정한다. 딸에게 매주 새로운 예절을 하나씩 가르쳐주고 식사 예절을 연습시킨다.

로렌스 코헨(Lawrence Cohen) 박사는 《아이와 통하는 부모는 노는 방법이 다르다(Playful Parenting)》외에도 여러 책에서 아이의 사회적 수용에 대해 다루고 있다. 코헨 박사는 부모가 도와주면 아이들은 사회적 신호를 읽는 데 능숙해질 수 있다고 주장한다. 사회적으로 적응하는 데 어려움을 겪는 아이들에게는 그러한 신호를 읽는 것도 도전거리다. 코헨 박사는 아이와 잡지를 훑어보거나 소리를 줄이고 텔레비전을 본 다음 거기에 나오는 사람들의 기분이 어떠할지 물어볼 것을 추천한다. 그다음 그 사람들과 같은 표정을 지어보라고 하는 것이다. 이와 같은 일대일 교육을 통해 아이는 비언어적 대화 기술을 배울 수 있다.

딸에게 애정 표현을 아끼지 마라

《진정한 자녀 사랑》의 저자 로스 캠벨 박사는 딸이 초등학교를 졸업할 무렵이 되면 아빠들은 딸을 안아주거나 쓰다듬어주는 일을 점점 어색해하며 멀리하게 된다고 했다. 하지만 이 시기야말로 사춘기에 접어드는 딸에게 감정 은행의 잔고를 두둑히 채워주기 위해 많은 애정을 쏟으며 사랑을 확인시켜줘야 할 때다. 다시 말해, 딸은 언제든 아빠가 자신을 지지해주고 있다는 것을 확인해야 마음이 안정된다. 그러니 사춘기 딸을 자주 안아주자. 등을 토닥이고 어깨를 주물러주는 것도 좋으니 따뜻하게 어루만져주자.

　　이 시기는 딸이 평생 동안 지니게 될 양심의 기초를 다져가는 때다. 부모가 딸을 따뜻하게 안아주고 친밀한 대화를 나누면 딸은 자신의 생각을 솔직히 털어놓고 대화의 문을 연다. 그리고 부모를 통해 잘못된 생각을 고치고 건전한 양심과 신념을 키워가게 된다.

딸의 자신감을 키워주는 메시지를 던져라

좋은 옷을 입거나 돈이 많다고 해서 자신감이 생기지는 않는다. 자신감은 머릿속에서 들려오는 메시지가 결정한다. 딸이 자라는 동안 부모가 심어주는 메시지는 딸이 성인이 된 후에도 큰 영향을 끼친다.

　　즉, 평생 동안 딸의 귓가에 울리는 목소리가 되어 자신감뿐 아니라 소중한 지혜를 준다. 부모는 다음과 같이 지혜로운 말을 딸에게 자주 들려주도록 한다.

　　"잘 자고 잘 웃는 것이 가장 좋은 치료법이다."
　　"걱정은 작은 것에 큰 그림자를 드리우게 한다."

주기적으로 가족 행사를 가져라

딸이 사춘기에 접어들면 삶의 중요한 단계에 이르렀다는 표시로 행사를 마련해본다. 부모와 딸이 함께하는 이 행사는 사람은 누구나 성장하고 성숙해가며 주변의 어른들로부터 인정받는다는 의미를 지닌다. 이 행사의 예로서 추천할만한 것은 딸의 10번째 생일을 맞이해 부모와 가는 주말여행이다. 여기에는 오직 10살 생일을 맞은 딸과 부모만 참여한다.

  이와 같은 행사가 가정에 자리 잡게 되면 딸은 기념할 만한 날을 기다리며, 부모와 어떤 일을 할지 계획하고 기다리는 시간 자체를 즐기게 된다. 이러한 가족 행사에 대한 딸의 기대 심리는 매우 중요하다. 딸이 계획을 세우고 부모가 적절한 제안을 하는 기쁨을 나눌 수 있기 때문이다.

  부모는 딸에게 항상 긍정적인 말을 하려고 노력해야 한다. 부모가 하는 말이 딸의 앞날을 밝혀줄 수도 있고, 그 반대가 될 수도 있다. 딸에게 특히 하지 말아야 할 말은 다음과 같은 부정적인 평가다.
"여자아이가 조신하지 못하니."
"네가 아들로 태어났으면 좋았을걸."
"옆집 ○○처럼 할 수 없니?"

대신에 다음과 같은 말을 딸에게 자주 해준다.
"사랑하는 우리 딸, 오늘 ○○에 같이 갈래?"
"엄마는 네가 없으면 너무 허전해."
"네가 내 딸이라 얼마나 좋은지 몰라."

딸 잘 키우는 tip

♡ 딸에게 다정한 인생 코치가 되어준다. 우정을 쌓는 법을 가르쳐주되, 딸과 부모가 기질적으로 다를 수도 있다는 사실을 명심한다.

♡ 딸이 마음의 상처에 강해지도록 미리 도와준다. 살아가면서 가장 친한 친구를 잃을 수도 있지만 그것이 반드시 딸의 잘못 때문만은 아님을 미리 말해준다. 그러한 일이 생기면 딸이 가족들로부터 충분히 사랑받고 있다는 느낌이 들게 한다. 딸이 느끼는 슬픔과 우울함을 알아주고 위로해준다.

♡ 학교에서 있었던 일에 대해 딸과 이야기를 나눈다. 딸에게 "오늘 있었던 일에 대해 넌 어떻게 생각하니?"라고 물어보고 딸 스스로 다음에 할 말이나 행동을 잘 해낼 수 있다는 자신감을 가지게 만든다. 필요하다면 "자, 네가 할 말을 연습해보자. 잘 하는지 엄마가 봐줄게."라고 말하고 미리 연

습시킨다.
- ♡ 딸이 스마트 기기를 사용하는 모습을 늘 가까이서 관찰하고 관여한다. 딸이 스마트폰이나 컴퓨터를 이용하는 방식에 대해 신뢰를 쌓는다.
- ♡ 해마다 딸에게 운동이나 그 외에 창조적인 활동 한 가지를 선택하게 한 다음 그것에 숙련되도록 능력을 키워준다. 일단 딸이 한 가지를 선택하면 최소한 1년 정도는 열심히 배우고 연습할 수 있도록 지도한다.

사춘기를 앞둔 딸을 위해 부모는…

- 자신감을 키워주고 능력을 개발하도록 가르쳐준다.
- 적극성과 창조성을 가지도록 격려한다.
- 건전한 가치관을 심어준다.
- 딸의 개성을 이해하기 위해 시간과 노력을 기울인다.
- 친구와 우정을 쌓는 법을 가르쳐준다.
- 딸 스스로를 되돌아보게 만드는 가족 행사를 준비한다.
- 딸이 얼마나 소중한 존재인지 수시로 확인시킨다.

딸이 12~13살 때 부모에게서 멀어지면 14살 때는 더욱 가까워지기 어려울 것이다. 이 시기의 딸은 원래 이해하기 어려운 존재인만큼 포기하지 말고 계속 관심을 보이며 대화하라.

규칙이 확실히 지켜지도록 하라. 딸은 기준을 제시해줄 사람이 필요하다. 당신도 12살 때에는 엄마 잔소리를 싫어하는 여자아이였다. 설령 딸이 거부하고 반항하는 것처럼 보여도 잔소리가 아닌 대화를 계속 나눠야 한다.

내가 13살쯤 되어 얼굴에 여드름이 나기 시작하자 엄마가 여드름용 비누와 향수 같은 소소한 물건을 사왔다. 엄마의 이러한 사소한 행동은 사랑받는 느낌이 들게 하는 데 아주 효과적이었다.

09
CHAPTER

딸의 사춘기 시작이 중요하다

딸이 십대로 접어들면 부모는 격렬하고 지속적인 변화의 시기가 시작되었다는 것을 깨닫게 된다. 사람들은 흔히 이때를 '끔찍한 T의 시기'라 부른다. '끔찍한(Terrific), 격변하는(Turbulent), 힘든(Trying)'이라는 표현이 딱 어울리기 때문이다.

    십대 여자아이들은 개인 간의 발달 격차가 크다. 발달이 빠른 아이들은 10살이 되면서부터 외모를 꾸미는 데 큰 관심을 보이기 시작한다. 또, 갑자기 주변 남자아이들을 매력적인 존재로 보기 시작한다. 하지만 발달이 느린 여자아이들에게 남자아이들은 여전히 짓궂기만 한 이상한 존재이고 인형을 가지고 노는 게 아직은 더 좋다.

    십대 시기는 위험 지대와 같다. 딸이 이 시기를 통과할 때가 되면 부모와 딸은 혼란을 겪는다. 갑자기 모든 것이 변하고, 솔직하고 자신감에 차 있던 어린 딸이 사라져버린 것 같은 느낌도 든다. 특히 아빠는 딸이 신체적으로 훌쩍 성숙해진 것을 느끼며 예전처럼 안아줘도 되는지 혼란스러워진다. 딸 스스로도 예전과는 달리 부모와 거리를 두려는 것처럼 보인다. 부모가 이 시기를 지혜롭게 넘기는 일은 쉽지 않다. 하지만 사춘기에 접어든 딸은 절대적으로 부모를 필요로 한다. 평소 부모로부터 사랑스럽고 능력 있는 존재로 인정받고 자란 딸들은 심리적으로 안정되어 있고, 감정적으로도 풍부하고 여유롭다. 이러한 아이들은 사춘기를 별문제없이 잘 지낼 가능성이 크다.

부모는 어른이다. 사춘기 딸이 방황하며 매사에 지나치게 감정적으로 반응하다 가끔 폭발하더라도 덩달아 불안해하거나 분노하며 흔들려서는 안 된다. 딸이 가장 필요로 하는 양육자의 태도는 평온하고 흔들림 없는 태도로 지켜봐주는 것이다. 이 시기의 딸은 알아서 하려는 욕구가 크지만, 스스로를 잘 이해하지 못하며 오히려 부모가 딸을 훨씬 더 잘 이해하고 있다.

적극적인 부모가 되어 딸을 바쁘게 만들어야 한다. 딸이 사춘기를 방황하며 보내도록 방치하지 말고 어딘가에 소속되어 활동할 수 있게 해주는 것도 좋은 방법이다. 딸이 사춘기에 접어들면 아빠가 딸과 데이트를 하거나 낚시를 하러 갈 수도 있다. 이제 막 10살을 지난 딸은 아빠와 다니면서 멋지게 보일 필요가 없다. 딸은 아빠와 부담 없이 다양한 경험을 하며, 나중에 어떤 일을 겪더라도 상처 입지 않고 잘 헤쳐 나갈 수 있는 힘을 키운다.

이 시기는 딸과 여행을 할 수 있는 멋진 시간이기도 하다. 가족과 함께하는 여행을 인생의 소중한 목표로 삼고 있다면 딸의 사춘기는 그것을 달성하기에 아주 적절한 시간이 될 것이다. 또, 가족 간에 가치를 공유하고 서로 신뢰하며 우정을 쌓을 수 있는 중요한 시간이기도 하다.

십대 딸에게 친구는 매우 중요한 존재다

이 시기의 딸에게는 친구가 매우 중요하다. 부모는 친구 관계에서 비롯되는 딸의 마음을 이해해야 한다. 딸이 친구와 절교하거나 사이가 틀어지는 일이 생기면 마음껏 울 수 있게 어깨를 빌려주고 지지해준다. 딸이 우정을 회복할 수 있도록 도와주고 다른 가족들과 어울리며 상처를 치유할 수 있게 한다.

딸이 또래와 그룹 활동을 하거나 동아리에 가입되어 있다면 그곳에서 만나는 아이들의 부모와 모임을 만들어보는 것도 좋다. 안전을 강조하며 지나치게 감독하려 들지만 않으면 이제 막 십대가 된 여자아이들은 부모의 간섭에 예민하게 반응하며 거부하는 사춘기 특유의 모습을 보이지 않는다.

딸 잘 키우는 tip
흥미에 집중하게 만들기

메리 피퍼(Mary Pipher)는 흥미에 대한 집중을 '닻'이라 부른다. 이

닻은 딸이 심리적 안정을 유지하고 인생이라는 거센 파도 속에서 의지할 수 있는 정신적 지주다. 딸이 관심과 열정을 보이는 분야에 집중하도록 격려한다. 딸을 전시회, 콘서트, 공연에 데려가는 것도 좋은 방법이다.

십대 초반 딸과 친밀함을 유지하라

부모가 자녀에게 자신의 신념을 긍정적으로 물려주는 가족에 대한 연구 결과가 있었다. 이 연구에서 12살은 아동기와 사춘기를 이어주는 아주 중요한 시기라고 강조했다.

11~13살의 아이들은 대부분 자아 이미지나 도덕, 신념, 관계, 인생 목표와 관련해 어떤 선택을 할지를 둘러싸고 큰 변화와 도전을 경험한다. 이 시기에는 부모 자식 간의 관계에 어려움이 생기기 쉽다. 하지만 그럴수록 부모는 아이와 친밀한 유대를 맺으면서 아이들이 필요할 때에는 언제든 옆에 있어주겠다는 믿음을 확실히 해야 하는 중요한 시기이기도 하다.

사춘기의 변화에 대해 열린 마음을 가져라

이 시기 여자아이들이 학교의 성교육 또는 친구들을 통해 듣는 이야기는 다소 충격적이다. 사실 이 이야기는 아이들에게 두려움을 일으키고 가끔은 귀를 닫고 듣고 싶지 않은 기분이 들게 한다. 하지만 미리 알고 있는 것은 미리 무장하는 것과 마찬가지다. 부모가 신체적인 변화뿐만 아니라 사회적이고 심리적이며 자신의 정체성과 관련된 차원에서 미리 조언을 해주자. 사춘기를 맞이하는 딸은 앞으로 몇 년 동안 밀어닥칠 힘든 시기를 훨씬 수월하게 헤쳐 나갈 수 있을 것이다.

처음 성에 대해 들은 이야기나 알게 된 정보는 '각인 효과'가 있다. 부모는 여성이 되는 경험을 긍정적으로 각인시켜 줘야 한다. 그리고 여성으로서 미래에 대한 이상과 잠재성, 지켜야 할 규칙 같은 것을 가르쳐야 한다.

딸에게 신체 변화에 대해 미리 알려줘라

나이를 먹어가면서 신체에 변화가 일어난다는 사실을 알고는 있지만 그 변화가 구체적으로 어떤 것인지 확실히 모른다고 상상해보자. 혹은 부모 자신이 사춘기 무렵 무엇을 생각했고 어떤 기분으로 지냈는지 떠올려보자.

딸은 여성으로 성숙해가는 자신을 느끼면서 다양한 출처를 통해 관련된 정보를 모을 것이다. 그리고 부모가 미처 생각지도 못한 것 때문에 고민에 빠지게 될지도 모른다. 이 시기의 여자아이들은 사소한 신체 변화에도 민감하게 반응하며 불안해한다. 가슴이 커질 때에는 좌우가 짝짝이로 될까 걱정하고, 엉덩이가 풍만해질 때에는 남들 눈에 뚱뚱하고 못생긴 여자로 보일까 두려워한다. 사실 이는 날씬함을 부추기는 문화가 낳은 비극이다. 요즘 여자아이들은 잡지와 같은 미디어에서 포토샵으로 다듬어진 비현실적으로 날씬한 여성의 몸을 보며 자란다.

  이 시기의 딸은 낯선 고통을 자주 겪게 될 수 있다. 부모는 생리통과 같은 현상이 성장 과정의 일부라고 알려주며 딸을 안심시킬 필요가 있다. 그리고 어떤 경우에도 부모가 지켜보며 모든 수단을 동원해 도와줄 것이라는 사실을 확실히 알려줘야 한다. 딸에게 한 가지 더 알려줄 것은 이 시기의 고통이 자연스러운 '성장통'이며 이 세상 여자아이들 모두가 겪는 일이라는 사실이다.

  딸이 또래에 비해 발달이 늦어 친구들 대부분이 경험한 초경을 아직 치르지 않고 있다면 불안해할 수 있다. 딸은 또래 친구들 사이에서 자기 혼자 발달이 늦다는 것이 알려져 창피를 당할까 두려워한다. 많은 여자아이들이 몸에 일어나는 변화에 대해 언급하기를 불편해하고 부끄러워한다. 하지만 딸이 자신의 변화에 대해 알고 준비를 잘 할 수 있게 하려면 이와 같은 심리적 장벽을 뚫고 나가야 한다. 현명한 엄마들은 딸이 자기 몸에 일어날 변화에 대해 미리 알 수 있도록 확실하고 좋은 정보를 주기 위해 노력한다. 예를 들어, 딸의 가슴이 커지기 시작하면 곧 초경을 치르게 될 것이라고 알려준다. 그리고 딸의 옷장에 생리대를 넣어주고 생리 기간 중에 생리대를 휴대하고 다닐 수 있는 파우치를 마련해준다. 이처럼 미리 가르치고 준비시키면 초경에 대한 딸의 두려움은 훨씬 가벼워진다. 초경이 시작된다 해도 어떻게 대처해야 할지 크게 불안해하지 않을 것이다.

엄마와 딸의 특별한 시간을 보내라

딸이 12살 생일이 되면 '엄마와 딸의 특별한 주말'을 보내보자. 딸과 주말에 무엇을 할지 계획을 짜며 기대감을 가지게 한다. 딸과 화장품 매장에 가서 나이에 적절한 메이크업 제품을 사주고, 화장법이나 피부 관리에 대한 설명을 듣게 한다. 엄마와 딸이 영화 데이트를 해도 좋고, 가까운 곳으로 여행을 떠나도 좋다.

　　엄마와 딸이 함께하는 특별한 주말은 딸이 건강하게 사춘기에 진입하도록 분위기를 조성할 수 있게 해준다. 그리고 모녀간에 더욱 친밀한 유대의 끈이 생기게 한다. 딸이 필요로 하는 정보를 부모가 선별해서 긍정적인 방법으로 알려주면 무작위로 정보를 습득했을 때보다 더 큰 힘을 얻는다.

딸이 순진함과 무지함에서 벗어나게 하라

성적으로 조숙한 여자아이들에게는 좋은 정보와 이해심이 넓은 부모가 필요하다. 신체적으로는 성숙했지만 정신은 여전히 9~10살인 여자아이들은 특별히 더 어려움을 많이 겪는다. 대부분의 여자아이들이 마주하고 있는 사회적인 배경을 고려하여 십대로 접어드는 시점에서 아이들에게 신체적인 변화 이상의 내용을 부드럽지만 솔직하게 설명해줄 필요가 있다. 이는 기초적인 성교육에 해당하는 것으로 상당히 중요한 일이다. 노출이 심하고 야한 옷이 유행하고, 초등학생 때부터 남자친구를 사귀는 게 당연한 현대 사회의 현실을 생각하면 더욱 그러하다.

초경을 치르는 동안 여자아이들은 신체뿐만 아니라 감정적인 면에서도 큰 변화를 겪는다. 감정 발달의 중심인 대뇌변연계가 성장하며 복잡한 변화를 겪기 때문이다. 십대 딸은 더 이상 어린아이가 아니다. 하지만 그렇다고 본격적으로 사춘기를 겪고 있는 것도 아니다. 막 사춘기가 시작되려고 호르몬의 총공격을 받으면서 감정 배열을 새롭게 하는 중이다. 딸은 상냥하고 쾌활하다가도 진지하고 괴팍한 면을 보이며 반항할지 모른다. 하루에도 수십 번씩 기분이 왔다 갔다 하는 딸을 지켜보며 부모는 때로는 안아주고 싶다가도 때로는 속을 부글 부글 끓이며 애태운다.

딸들은 이 시기에 신체적인 성장과 내적인 지혜의 성숙 사이에서 초경을 치른다. 종종 심한 감정적 기복을 보이며 이유 없이 울기도 한다. 때로는 지나치게 얌전하고 수줍어하며 엄마 앞에서조차 옷을 갈아입지 않으려 한다. 이러한 변화는 오늘날과 같은 사회적 환경에서는 위험하고 힘든 상황을 만든다. 급변하는 기술 발전, 미디어, 또래 집단 문화의 부정적인 영향에 휩쓸리기 쉽기 때문에 부모는 불안해질 수밖에 없다. 요즘에는 막 사춘기에 접어든 아이들이 부모의 안내 없이 예전보다 훨씬 더 자세하고 많은 성과 관련된 정보를 접하고 있다. 부모 세대가 10살 무렵일 때는 듣도 보도 못한 이야기가 적나라하게 펼쳐진다.

사춘기 초반 여자아이들은 기업의 좋은 먹잇감이기도 하다. 기업은 아이들에게 물건을 팔기 위해 달려든다. 그리고 수많은 광고를 통해 몸에 적절히 지방이 쌓여 굴곡이 생기기 시작하는 여자아이들에게 심각한 저체중 상태의 연예인을 롤 모델로 보여준다. 12살짜리 딸에게 날씬해지고 예뻐지라고 요구하는 사회적 압력은 부모 눈에는 못마땅하기만 하다. 10살 이전의 어린 딸은 똑똑하고 자신감에 차 있고 착하다. 부모는 딸이 그러한 성향을 더 키워가기를 원한다. 하지만 딸은 사춘기에 접어들면서 또래와 어울리며 자신을 감추려 한다. 예전의 솔직하고 당당했던 모습은 사라지고, 독립적이고 패기 넘치던 모습 대신 주위에 맞춰주려 한다. 심지어 자신이 두드러져 주목을 받을까 봐 본모습을 감추려 한다.

    딸이 요즘 유행하는 고가 브랜드의 옷을 갖고 싶어 한다면 거래를 해보자. 딸에게 옷을 사주는 대신 정해진 의류 예산을 넘지 않도록 다른 옷은 저가 브랜드에서 구입하는 조건을 제시하는 것이다. 혹은 집안일을 도와 받은 용돈으로 옷값의 일부를 마련하게 하는 방법도 있다. 딸에게 바느질하는 방법을 알려줌으로써 색다르고 과감하게 옷을 입어 자신을 표현하도록 해보자. 단, 가이드라인을 제시해 단정하게 입으라고 잔소리하는 일은 없어야 한다.

    딸이 유행을 쫓아 몸을 겨우 가리는 핫팬츠를 사고 싶어 하면 부모는 불안해진다. 이때 무조건 반대하지 말고 친구들과 비슷한 옷을 입지 못하면 따돌림받을까 불안해하는 딸의 마음을 헤아리고, 딸의 심리와 부모가 느끼는 실망과 분노 사이에서 균형을 맞출 필요가 있다. 이 시기의 딸들에게는 친구들과 어울리는 문제가 무엇보다 중요하므로 옷차림 같은 사소한 것 때문에 친구들과 다르다고 느끼게 해서는 안 된다. 정말 중요하다고 판단되는 가치와 기준에 대해서만 원칙을 고수하는 부모가 되자.

딸 잘 키우는 tip
사춘기 딸의 영양 상태 체크하기

성조숙증은 체중 증가에 따라 발생하는 경향이 있다고 한다. 대부분의 여자아이들은 특정 몸무게가 되면 사춘기가 찾아온다. 남자아이들은 몸에 근육이 만들어지기 쉬운 체질인 데 비해, 여자아이들은 지방을 축적하기 쉬운 체질이다. 그래서 불량 식품을 먹으면 쉽게 살이 찐다. 감정적인 스트레스에 대해서도 남자아이들은 행동으로 드러내며 풀어버리는 데 비해, 여자아이들은 세포 깊숙한 곳에 쌓아두려는 경향이 있다. 따라서 딸과 식사를 같이 하며 영양을 균형 있게 섭취하는지 살펴볼 필요가 있다. 가족 모두가 즐길 수 있는 등산이나 자전거 타기와 같은 운동을 규칙적으로 하는 것도 좋다.

사춘기 초반 딸의 건강을 지켜주는 법

딸이 가능하면 자주, 오랫동안 즐겁게 뛰어놀 수 있게 격려한다. 이 시기 여자아이들에게는 가족들과 편안하게 어울리는 감정적인 환경과 지적인 추구도 중요하지만, 자유로운 야외 활동을 충분히 즐기는 일도 필요하다. 온 가족이 놀이를 즐겨보자. 딸은 요동치는 감정 변화 속에서도 장난기 많은 어린 시절의 자아를 유지할 수 있을 것이다.

딸 잘 키우는 tip

♡ 이 시기의 딸들에게는 가족이 함께하는 대화, 행사, 전통이 특히 중요하다. 딸들은 이를 통해 가족의 친밀함과 연대감을 느낀다. 또, 십대들을 괴롭히는 학업 포기, 문란한 이성 문제 같은 일에 빠지지 않도록 막아주는 예방 주사 역할을 한다.

♡ 딸과 여행하기에 좋은 시기다. 사춘기를 지나는 동안 자연스럽게 가족과 멀어지기 전에 가족 모두가 함께할 수 있는 좋은 경험이 될 것이다.

♡ 아빠들은 정기적으로 딸과 데이트하는 행사를 만들어야 한다. 엄마들도 모처럼 소녀 시절로 돌아가 딸과 즐거운 시간을 보낸다. 적절한 범위 안에서 딸이 목적지를 고르게 하고 관심사를 공유한다. 자전거를 타는 것이든, 영화를 보는 것이든, 인기 가수의 콘서트에 가는 것이든 딸이 좋아하는 것을 함께한다는 데에 의의를 둔다.

♡ 십대 딸이 이성 친구를 사귀는 일은 가능하면 최대한 늦춘

다. 종종 이 시기의 딸들은 실제 남자친구와 데이트하기 전에 인기 가수나 영화배우에 푹 빠지게 된다. 또, 많은 경우 신체적으로는 성숙해도 정신적으로는 미숙하고, 남자아이들의 관심에 어떻게 대처하는 것이 지혜로운지도 잘 모른다. 따라서 이 시기 여자아이들은 좋아하는 가수에게 바치는 '가상의 구애'를 주제로 한 대화에 열광한다. 이것은 실제로 이성 친구를 만나지 않으면서 관심을 해소할 수 있는 안전한 방법이다.

♡ 이 시기에는 특정한 활동을 함께하며 교류하는 것이 가장 건강한 이성 교제 방법이다. 이성 친구와 스케이트나 자전거 타기, 영화 보고 토론하기, 피자 파티하기 등도 권할만한 일이다.

이제 막 십대가 된 딸을 대할 때는…

- 딸의 감정이 요동치더라도 늘 평온하게 지켜봐주는 참 어른이 된다.
- 딸이 어딘가에 애착을 가지고 바쁘게 지내도록 만든다. 부모가 딸이 원하는 활동을 함께하는 것도 좋다.
- 이 시기에는 절친한 친구가 무엇보다 중요하다는 것을 명심한다.
- 딸과 친밀한 유대 관계를 유지하도록 노력한다.
- 딸의 신체에 일어날 변화에 대해 정확한 정보를 얻을 수 있게 도와준다. 이 변화는 누구에게나 일어나는 일이라는 것 또한 미리 알려준다.
- 사소한 문제에 부모의 원칙을 고집해 딸이 친구와 다르다는 느낌을 받는 일이 없게 한다.

여자는 18살이 될 때까지, 남자는 20대 초반까지 두뇌가 완전히 발달하지 않는다. 따라서 사춘기 아이들을 어른 대하듯 다루어서는 안 된다.

사이먼 롤리, 소아과 의사

CHAPTER 10

십대 딸을 이해하려 하지 마라

십대 아이들은 그 무엇보다 부모로부터 존중받기를 원한다. 또, 스스로 자립할 수 있는지 알아내기 위해 부모의 생각과 가치에 도전하려 한다. 하지만 그러면서도 여전히 부모의 지혜와 경험을 필요로 하기 때문에 딸이 사춘기를 지나는 동안 언제든 도울 준비가 되어 있어야 한다. 이 시기의 딸은 두뇌가 성숙해지면서 사고의 폭이 넓어지고 점점 어른의 정신세계로 가까이 간다. 이에 따라 한 사람의 독립된 자아로서 매사에 스스로 판단하고 결정하기를 원하게 된다.

부모는 딸의 나이에 적절한 방법으로 이러한 과정이 순조롭게 진행되도록 도와줘야 한다. 이는 마치 딸을 지배하고 통제하던 역할을 버리고 코치나 상담가로 변신하여 궁극적으로 절친한 친구가 되는 것과 같다. 부모가 서서히 통제권을 자신에게 넘겨주고 있다는 것을 딸이 느낄 수 있다면, 반항하면서 부정적인 방법으로 부모에게서 멀어지려 하지 않을 것이다. 다만, 딸이 어린아이였을 때 가지고 있던 딸에 대한 부모의 통제권은 사라지고 만다. 이제 부모는 딸과 새로운 유대 관계를 맺으며 예전처럼 통제하려 들기보다는 영향력을 끼치는 조력자가 되어야 한다.

대부분의 부모들은 십대 아이들이 자신들이 살던 시대와는 매우 다른 세상을 살아가고 있다는 것을 인식하고 있다. 부모는 여러 면에서 힘을 빼앗기고 있고 사회는 본질적으로 여자아이들을 보호하지 못하고 있다. 상황이 나빠져 딸이 반항하고 어떤 식으로든 탈선하게 되면 사회 구조가 이를 다루기에 얼마나 둔하고 쓸모없는 장치인지 드러난다. 사회는 부모가 딸들에게 금지하려 하는 일을 허락한다. 부모는 딸의 인격과 안전에 대해 관심을 가지고 양육에 도움을 줄 다정한 어른들로 이루어진 울타리가 필요하다. 부모로서 해야 할 또 하나의 일은 사춘기 자녀를 양육하는 데 도움이 될 부모만의 능력을 정리해 자산 목록을 만드는 것이다.

친구 같은 부모가 되라

십대 딸은 자신이 소속된 '무리'에 아주 민감하다. 이 현상은 사춘기 초반에 가장 심하다. 세상이 자신을 제대로 알아주지 않는다고 느낄 때 사춘기 딸들에게는 믿을만한 친구나 소속감을 느낄 무리가 필요하다. 부모가 어떤 식으로든 이 욕구를 채워주면 딸을 위해 굉장히 멋진 일을 하고 있는 셈이다.

이 시기의 딸에게는 친구들로 이루어진 다양한 무리에 소속되는 일이 매우 중요하다. 딸은 스포츠 활동, 취미 활동,

청소년 단체 등을 통해 만난 친구들을 통해 어딘가에 소속되려는 욕구를 충족시킬 수 있다. 설령 그중 한 무리의 친구들과 관계가 틀어진다 해도 여전히 딸을 인정하고 받아들여주는 다른 친구들이 있다. 딸이 많은 친구를 사귀되, 부모가 알고 믿을 수 있는 친구들을 사귀도록 격려해야 한다. 딸의 친구들이 집에 놀러오면 따뜻하게 맞아주고, 딸과 친구들의 생활에 관심을 보이자. 때로는 친구들의 부모까지 초대해 우정을 쌓아갈 수 있는 행사를 준비해도 좋다. 이는 딸 친구들의 엄마와 친해질 수 있는 계기가 되며, 부모가 피치 못할 상황으로 부재할 때 딸이 믿고 이야기를 나눌 수 있는 안전한 어른을 만들어준다.

딸의 의견을 존중하라

실비아 림의 '사랑의 V 법칙'에 따르면, 부모는 성숙해가는 딸의 결정권이 V자 모양으로 확장되도록 사랑하는 마음으로 허락해야 한다. 딸이 어릴 때에는 부모가 일방적으로 통제하던 가정도 딸이 어느 정도 자라면 자녀의 의견이 존중되는 민주적인 가정으로 변해야 하기 때문이다. 이 변화를 통해 딸은 자신의 인생을 책임질 줄 아는 사람으로 자라기를 원하는 부모의 마음을 어느 정도 이해하게 된다.

딸이 사춘기가 되면 뇌도 성장해 어른처럼 생각할 수

있는 능력을 거의 다 갖추게 된다. 다시 말하면, 어린아이의 구체적 사고에서 벗어나 형식적 사고를 하는 것이다. 그런데 이 과정은 아이들이 부모의 의견에 맞서고, 그들의 선택에 따른 결과를 예측하도록 가르침을 받을 때 제대로 완성된다. 이를 위해 부모의 개입이 어느 정도 필요한데, 그전에 부모가 먼저 자녀의 신뢰를 얻어야만 가능한 일이다.

딸이 13살이 될 때까지 부모가 끊임없이 잔소리하며 무엇을 해야 할지 일일이 가르쳤다면, 이제부터는 딸의 이야기에 귀를 기울일 시간이다. 부모는 딸의 생각이나 기분이 알고 싶을 것이다. 특히 딸에게 어떤 특별한 사건이 일어났을 경우, 상황을 헤쳐 나가기 위해 딸 스스로 어떤 해결책을 생각하고 있는지 물어볼 필요가 있다.

하지만 딸이 여전히 어리다는 사실도 잊지 않아야 한다. 한순간 성숙하고 책임감 있는 모습을 보였다가 금방 아이 같은 모습을 보일 수 있다. 따라서 중요한 일에 대해 딸 스스로 의사 결정을 하도록 연습시킬 필요가 있다. 도덕적으로나 신체적으로 위험하지 않는 한 딸의 결정을 존중해주자. 때로는 어리석은 결정으로 인해 상처를 입을 수 있다. 하지만 머리를 염색하고, 방 안을 온통 가수 포스터로 도배하고, 신발 하나 사는 데 옷 한 벌 값을 쏟아부었다 해도 생명이 위험한 것은 아니다. 그러니 딸이 경험을 통해 스스로 깨닫고 배우는 데에 의의를 두도록 한다.

사춘기 아이들의 많은 행동이 두뇌 성장으로 이어진다. 가장 중요한 두뇌 성장은 생후 3년 정도 안에 이루어지고, 사춘기 직전에 두 번째 폭발적 성장이 이루어진다. 또, 사춘기 아이들의 두뇌는 여전히 만들어지고 있는 중이며 이성적이기보다는 감정적인 존재임을 기억하자.

딸이 사춘기가 되어도 함께 밥 먹는 일은 중요하다

자녀가 사춘기가 되어도 가족이 다 같이 밥을 먹는 일은 지속적으로 긍정적인 효과를 보인다. 식사 자리는 가족들이 건강한 대화와 토론을 할 수 있는 장이 될 뿐만 아니라 중요한 두뇌 훈련이 이루어질 수 있게 하는 윤활유가 되기 때문이다. 미네소타대학교에서 시행한 연구에 따르면, 가족들과 식사하며 자란 아이들은 과일과 녹황색 채소를 많이 먹어 골고루 영양을 섭취하고 탄산음료를 덜 마시는 어른으로 자란다고 한다. 특히 아침을 잘 챙겨 먹고, 규칙적인 식사를 통한 교제를 중시하는 성향을 가지는 것으로 드러났다.

이외에도 청소년기에 가족들과 함께하는 식사가 수행하는 기능은 다양하다. 식사 시간에 이루어지는 건강한 가족 토론은 청소년의 정신세계를 형성하는 데 큰 영향을 끼친다.

뿐만 아니라 아이들의 머릿속에서 이루어지는 다양한 사고가 올바른 것인지 확인할 수 있게 해준다. 대화를 통해 아이들이 느끼는 감정이 받아들여지고 평가된다. 그리고 세상을 바라보는 관점에 대해 인정받기도 하고 비판받기도 한다. 사춘기 딸을 둔 부모는 딸의 이야기를 잘 들어주면서 잘못된 생각을 바로잡는 의미 있는 대화를 마음껏 즐겨야 한다.

십대 자녀들과 '책 읽는 저녁'이라는 행사를 만들어보자. 책 읽는 저녁에는 가족이 모두 모이는 것은 물론이고, 자녀의 친구들까지 불러 맛있는 음식을 먹고 식탁에 둘러앉아 시사 문제나 읽은 책에 대해 토론한다.

실천하기
인생의 중요한 순간을 기념하기 위한 식사

딸이 14살이 되면 기념 파티를 열어준다. 딸은 이 파티에 인생의 멘토를 6명 정도 초청할 수 있다. 멘토로는 할아버지, 할머니, 친척들 외에 딸의 인생을 축복해줄 지인들을 부르면 좋다. 파티가 열리면 딸은 이들에게 삶의 조언을 구하며 감사 인사를 한다. 멘토들은 이에 대한 답으로 작은 선물을 주며, 인생이 무엇인지 스스로 체득한 지혜를 전해준다. 이러한 가족 행사는 딸에게 공동체 의식과 소속감을 키워준다. 또한, 사춘기를 헤쳐 나가며 정체성을 형성하는 데 큰 힘이 될 정신적 지주를 얻게 된다.

보호자로서 부모의 본분을 잊지 마라

가끔 딸의 기분이나 심리적인 문제가 딸에 대한 부모의 신뢰를 해칠 수 있다. 하지만 여전히 부모는 딸을 가르쳐야 할 어른이고, 딸의 경제적 지원군이 되어야 할 사람임을 잊지 않아야 한다. 사랑하는 마음으로 딸을 보호하는 일은 부모의 의무다. 해마다 딸은 자라고 점점 더 많은 자유를 갖게 된다. 하지만 딸이 완전히 성인이 되어 독립할 때까지는 부모로서의 책임을 소홀히 하지 않도록 한다.

부모는 항상 딸 곁에 머물면서 신념을 확고히 지켜야 한다. "엄마, 아빠는 너를 사랑해. 하지만 지금 네가 하는 행동은 용납할 수 없구나."라고 말할 수 있는 부모가 되어야 한다. 딸이 위험한 행동을 하지 않도록 규칙을 정해주고, 이를 어긴다면 부모로서 제공하던 도움을 잠시 끊어본다. 예를 들어, 자동차로 등하교 시켜주기, 방 청소나 빨래해주기, 용돈 주기를 중단하는 것이다.

딸 잘 키우는 tip
부모와 딸이 지켜야 할 규칙 만들기

♡ 부모와 약속한 장소를 떠나 다른 곳으로 이동할 때에는 반드시 알린다.

♡ 처음 약속한 시간보다 늦을 때에는 전화를 한다.

♡ 스마트폰 메시지를 긍정적으로 활용한다. 딸이 시험이나 어려운 일을 치르기 전에 사랑을 담은 메시지를 보내 격려한다.

상처받기 쉬운 나이, 14살

14살은 반항이 가장 두드러지는 나이다. 이 나이의 딸은 혼자서 판단할 능력이 있다고 생각하기 시작하고 부모의 의견을 무시하려 든다. 또, 스스로의 정체성과 자신감을 찾으며 내적 갈등을 겪는다. 하지만 딸이 고등학교를 졸업할 무렵이 되면 인생 경험이 늘고 조금씩 더 성숙해져 사춘기 초반과는 사뭇 다른 내면세계가 자리 잡는다.

스테파니 위버(Stephanie Weaver)는 《십대 소녀들 이야기(Teenage Girls Talk)》에서 14살 무렵의 여자아이들은 남자친구를 매우 중시한다고 말했다. 이 시기 대부분의 여자아이들은 남자친구가 자신의 모든 욕구와 필요를 만족시켜줄 것이라는 환상을 지니고 있기 때문이다. 하지만 16~17살이 되면, 이성과 맺는 우정을 좀 더 현실적으로 바라보고 자율적으로 대처할 수 있게 된다.

부모의 관심이 딸의 탈선을 막는다

많은 연구에 따르면, 아이들은 부모를 실망시키지 않기 위해 탈선을 저지르려는 욕망을 억제한다고 한다. 미국의 한 다른 연구 결과는 이와 관련된 흥미로운 사실을 보여주고 있다. 미성년자가 낙태를 받을 때 반드시 부모의 동의를 받도록 했더니 성과 관련된 위험한 탈선이 줄어들었다고 한다.

부모는 아이의 탈선을 방지하는 가장 큰 대비책이다. 아이들은 이야기를 들어주고, 말을 걸어주는 믿을만한 사람이 필요하기 때문이다. 또한, 아이들에게는 식사를 함께하고 신념을 공유할 가족이 필요하다는 것을 기억하자.

딸과 계약을 맺어라

십대인 딸이 더 많은 것을 스스로 알아서 하려 하지만 아이에게 전적으로 믿고 맡기기에는 불안할 수 있다. 그럴 때는 앞으로 딸이 할 행동에 대한 계약서를 쓰게 한다.

딸에게 잔소리를 하지 말자. 딸에게 어떤 이야기를 하고 싶은데 딸이 잔소리로 받아들이고 듣기 싫어하면 차라리 쪽지를 쓰는 게 낫다. 포스트잇에 써서 붙여놓은 메시지는 평소 부모가 지나치게 간섭하며 잔소리한다고 생각하는 십대들에게 효과적이다. 때로는 몇 시간 잔소리보다 쪽지 한 장이 아이들 마음을 훨씬 쉽게 움직인다. 딸에게 다음과 같은 쪽지를 써보자.

"갈아입은 옷은 잘 개줘."
"강아지에게는 산책이 필요해."

딸 잘 키우는 tip

♡ 작고 사소한 일은 눈감아준다. 선물 사는 데 너무 많은 돈을 쓴다고 딸을 혼내지 않는다.

♡ 화나고 흥분한 상태에서 어떤 문제를 철저히 파헤치려 하지 않는다. 어느 정도 시간이 지나 감정이 가라앉은 다음 딸과 그 문제에 대해 이야기한다.

♡ 항상 "그래. 좋아."라는 긍정적인 대답을 하도록 노력한다.

사소한 문제에 대해서는 더욱 긍정적으로 대답해야 한다. 딸이 "운동화 사고 싶어요."라고 하면 가능하면 사주겠다는 생각으로 협상하고 타협한다. 당장 신발이 꼭 필요하지 않아 보여도 말이다. 딸이 자기 용돈으로 신발값의 반을 내겠다고 하면 부모와 딸 둘 다 협상에서 승리한 셈이다.

♡ 딸과 말로 계약을 맺으며 신뢰를 쌓는다. 가족 암호를 만들어두면 좋다. 딸이 친구들과 어울리는 자리에서 먼저 빠져나오고 싶을 때 전화나 문자로 암호를 보내면 즉시 딸을 데리러 간다. 언제든 딸을 구하러 갈 것이라는 확신을 준다.

♡ 딸이 계약을 깨면 그에 상응하는 벌칙을 주고 그후에는 반드시 관계를 회복한다.

딸을 훈육하는 방법, CPR

딸을 훈육할 때 적용할 수 있는 유용한 원칙을 간단히 CPR이라 한다. 의학 용어로 CPR은 심폐 소생술인데 양육 원칙 중 CPR은 이와 완전히 다른 의미다. CPR은 부모가 십대 자녀의 비행을 다루기 위해 할 수 있는 세 가지 행동의 머리글자를 딴 것이다. 세 가지 행동은 결과에 따른 '벌칙(Consequence), 계획(Plan), 화해(Reconciliation)'를 말한다.

딸이 잘못을 저지르면 벌을 준다. 하지만 잘못에 대한

벌을 주었다고 해서 끝난 것은 아니다. 재발을 막으려면 후속 조치가 필요하다. 일단 딸과 다음에 이러한 일이 일어나지 않도록 하겠다는 약속을 받고, 또 비슷한 일이 발생한다면 어떻게 할 것인지 계획을 세운다. 미래의 재발 방지를 위한 계획이 세워지면 이제는 딸과 화해할 시간이다. 딸의 잘못으로 인한 갈등과 상한 감정을 잊고 다시 예전의 관계를 회복해야 한다.

딸 잘 키우는 tip

- ♡ 벌칙은 가르침을 주기 위한 것이어야 한다.
- ♡ 분노를 버려야 한다.
- ♡ 문제를 딸의 입장에서 바라본다.
- ♡ 문제를 바로잡고 재발을 막기 위한 계획을 딸이 직접 세워 보게 한다.

여자아이들의 따돌림이 더 심각할 수 있다

여자아이들은 따돌리고 비웃는 것을 무기로 사용한다. 어떤 면에서 여자아이들의 집단 따돌림은 남자아이들보다 훨씬 잔인하다. 한 십대는 중학교 1학년 때가 잔인한 따돌림의 절정이었다고 고백했다. 하지만 학년이 올라가면서 아이들의 자아 정체성이 안정되고 인기가 덜 중요하게 되자 상황이 훨씬 좋아졌다고 한다.

　　남자아이들은 공격적이라 툭하면 치고받고 싸운다. 멍들고 까진 상처가 끊이지 않는 것만 봐도 잘 알 수 있다. 그런데 한 연구 결과에 따르면, 여자아이들도 그에 못지않게 공격적이라 한다. 단, 이들은 주먹이 아닌 관계로 공격한다. 여자아이들이 목표로 하는 친구를 관계에서 배제시키고 따돌리기 위해 사용하는 방법은 다양하다. 친구에 대한 욕설을 담은 쪽지나 문자 주고받기, 비밀 폭로하기, 친구가 어떤 말이나 행동할 때 서로 비웃음을 담은 눈짓 주고받기, 크게 한숨 쉬거나 경멸하는 소리 내기, 친구를 따돌리도록 다른 사람들을 선동하기 등이 있다. 여자아이들, 특히 사춘기 소녀들이 보여주는 관계에 대한 공격은 자신의 가치와 정체성이 우정에 의해 결정된다고 보는 인식에서 비롯된 것이다. 이 시기 여자아이들에게 어떤 무리에 소속되는 일보다 소중한 것은 없다. 이들이 느끼기에 무시당하고 따돌림당하며 무리에 어울리지 못하면 존재하지 않는 것과 다름없다.

　　많은 부모들이 딸이 따돌림당하거나 학교 폭력의 희생자라는 것을 모르고 지낸다. 여자아이들은 자신의 그러한 처지에 대해 말하려 하지 않는 경향이 있다. 왜냐하면 악화된 사태의 원인이 자신에게 있다고 생각하고 부끄러워하기 때문이다. 그리고 언젠가는 친구들 패거리에 다시 받아들여지기를 바라기 때문에 부모가 그 기회를 망쳐버릴까 봐 더더욱 알리고 싶어 하지 않는다.

부모들은 예외 없이 딸 편이다. 그래서 자신의 딸이 따돌림당하는 것은 있을 수 없는 일이라 생각한다. 하지만 한 조사 결과에 따르면 집단 따돌림은 흔히 있는 현상이다. 여자아이들의 57%가 친구를 심술궂게 괴롭히며 험담을 했다고 고백했다. 그리고 23%가 집단 따돌림에 참여했다고 한다. 여자아이들은 누구든 따돌림의 희생자나 가해자가 될 수 있다. 더 심각한 문제는 친구를 괴롭히는 아이들 대부분이 자신의 잘못을 인정하거나 책임지려 하지 않는다는 점이다.

딸이 따돌림에 당당히 맞서게 하라

딸이 다른 여자아이들로부터 따돌림이나 괴롭힘을 당하는 것을 지켜보는 일은 너무나 고통스럽다. 이러한 경우 부모로서 어떤 일을 할 수 있을까? 우선, 아주 사소한 따돌림이나 괴롭힘도 놓치지 말고 심각하게 받아들여야 한다. 딸의 이야기를 들어주고 공감해주는 것만으로도 큰 도움이 된다. 부모의 관심은 딸이 스스로 괴로움을 헤쳐 나가도록 도와주는 가장 좋은 방법이다. 딸의 친구가 따돌림에 함께하고 있다면 딸에게 정면으로 맞서도록 가르치자. 뒤에서 친구에 대한 험담을 늘어놓아 상황을 악화시키기보다는 친구의 잘못된 행동에 맞서 당당하게 싸우도록 해야 한다. 이 일로 가장 친했던 친구를 잃을 수는 있지만 그것이 딸의 잘못 때문이 아니라는 것을 분명히 해야 한다. 딸에게 모든 사람들에게 사랑받을 수는 없음을 알려준다.

《소녀들의 비밀 생활(The Secret Lives of Girls)》의 저자인 새론 램(Sharon Lamb)은 딸에게 자신을 싫어하는 사람 앞에서 웃고 뒤에서 욕하는 일을 되풀이하며 습관으로 만들기보다는 차라리 정면으로 맞서는 것이 가장 현실적인 선택임을 알려줘야 한다고 주장했다. 딸에게 작은 영웅이 되도록 격려하자. 조사 결과에 따르면, 따돌림 가해자와 피해자 사이에 다른 친구들이 끼어들어 중재하는 비율은 15%에 지나지 않는다고 한다. 하지만 이러한 움직임이 생겨나기 시작하면 효과는 아주 크다. 특히 피해자가 받은 마음의 상처를 치유하는 데 많은 도움이 되며 학급이나 집단 전체의 분위기도 바뀔 수 있다.

무엇보다 중요한 것은 딸에게 친구 사귀는 방법을 가르쳐주는 것이다. 딸이 순수하게 다른 사람을 인정해주고 먼저 다가가 우정을 쌓도록 도와주자. 딸의 나이 또래에서는 한계가 있기는 하지만 학교 밖에서도 친구를 사귀고 우정을 쌓을 수 있게 도와주도록 한다.

실천하기

건강한 우정에 대해 가르쳐주기

딸에게 좋은 친구를 평가하는 법을 가르쳐준다. 딸 스스로에게 다음과 같이 묻고 답하며 판단하게 한다.
'이 친구 곁에 있으면 기분이 어떤가?'
'친구 곁을 떠나면 슬퍼지고 곁에 있으면 기분이 좋아진다면 그는 좋은 사람이다.'
'만일 함께 있을 때 불쾌한 기분이 든다면 친구가 되고 싶을까?'

딸이 이성보다 이상에 눈뜨게 하라

여자라면 누구나 남자들이 자신을 두고 싸우기를 바란다. 갈망의 대상이 되고 싶기 때문이다.
― 존 엘드리지,《와일드 하트》
남자의 사랑은 생활의 일부이지만 여자의 사랑은 존재의 전부다.
― 바이런, '돈 주앙'

현대인은 사랑과 성이 분리된 아주 복잡한 인간관계 속에서 살아간다. 이 분위기 속에서 여자아이들은 성적인 관심을 종종 사랑으로 착각한다. 부모가 딸을 존중하고 깊은 관심을 보이며 진정한 사랑을 베풀면 딸은 거짓 사랑과 진정한 사랑을 구별할 수 있는 안목을 가질 수 있다. 부모에게 존중받으며 자란 사람은 누군가 자신을 존중하고 있는지를 판단하는 기준이 확실하다.

여자아이들에게 십대는 가능성으로 충만한 시기다. 많은 것을 기대하며 꿈을 키우는 사춘기 시절에 좋은 부모와 친구가 곁에서 도움이 되면 훌륭한 인생관을 키울 수 있다. 하지만 여자아이들의 이와 같은 강점이 가장 큰 약점으로 작용하기도 한다. 성장의 발판이 되는 우정이 뒤틀리고 성적으로 잘못된 선택을 하게 되면 인생에서 큰 고통과 불안을 경험하게 될 수도 있다.

모든 여성은 갈망과 쟁취의 대상이 되고 싶어 한다. 제인 오스틴(Jane Austen)이 쓴 《이성과 감성(Sense and Sensibility)》에서 에드워드는 엘리너에게 돌아와 영원한 사랑을 맹세한다. 아마 대부분의 여자아이들은 이 장면을 읽으며 마음이 달달하게 녹을 것이다. 하지만 대부분의 십대 남자아이들은 이 장면에 공감하거나 감동받지 않는다. 그래서인지 이상주의적인 여자아이들은 또래의 남자아이들보다는 로맨스 소설이나 드라마, 영화에 더 열광한다. 부모는 딸이 스스로를 높이 평가하고 안전한 상황에서 다양한 친구를 사귀도록 격려해야 한다. 또, 진지하게 데이트할 남자친구를 고르기 전에 상대가 좋은 성품을 가지고 있는지 판단하는 법을 가르쳐줄 필요가 있다.

요즘 시대를 살아가는 딸은 어렸을 때부터 뮤직비디오나 영화를 보며 어른들이나 십대들의 삶이 온통 성을 중심으로 펼쳐진다는 메시지를 받고 자란다. 사실 사랑과 성을 분리해서 보는 세태가 자라나는 딸 세대에게는 더 없는 비극이다. 많은 여자아이들이 남자친구를 사귀면 성관계는 피할 수 없는 것이라 생각한다. 그래야만 서로 헌신하는 친밀한 관계로 발전할 수 있다고 믿기 때문이다. 사실 헌신과 친밀함은 여자아이들의 본성을 이루는 기본 요소다. 따라서 딸들에게 누군가와 성관계를 가지기 전에 서로에게 헌신하는 친밀한 관계를 맺는 게 우선이라는 것을 가르쳐야 한다.

15살에 남자친구와 성관계를 가진 아이가 임신을 해 아이를 낳았다면 남은 인생은 어떤 식으로든 남자친구와 아이에게 얽매이게 된다. 이처럼 성관계에 대한 절제된 규칙을 지키지 않은 여자아이들은 훨씬 제한된 인생을 살게 된다. 성관계를 둘러싼 규칙을 지키는 것은 건강을 지켜줄 뿐 아니라 교육과 여행 등 더 많은 가능성을 열어준다. 성관계를 어린 나이에 시작할수록 자궁경부암뿐만 아니라 다양한 성병에 노출될 가능성이 커진다는 것은 과학적으로도 이미 밝혀진 사실이다.

뉴질랜드 오타고대학교의 나이젤 딕슨(Nigel Dickson) 박사는 어른들이 십대들의 성생활을 부추긴다고 비판했다. 청소년들의 건강 문제를 다루는 프로그램에서 어린 나이에 가지는 성관계를 당연시하는 분위기를 조장하기도 한다. 요즘 어른들은 부모로부터 제시간에 일어나지 못하고 방을 치우지 않는다는 불평이나 들을 나이의 아이들에게 성생활의 위험 요소를 다루도록 요구한다.

13살짜리 여자아이가 보내온 사연은 경악을 금치 못하게 했다. 아이가 보낸 사연의 내용은 남자친구를 성적으로 만족시켜주고 있는지에 대한 것이었다. 심지어 10살짜리 여자아이는 남자친구와 처음으로 성관계를 가졌는데 그 후 왜 연락이 없는지 모르겠다며 잡지에 상담 편지를 보내기도 했다.

- 마이클 카-그레그, 《속물 공주 증후군》

남자아이들은 여자아이들의 애정을 얻기 위해서라면 물불 가리지 않고 달려드는 경향이 있다. 따라서 여자아이는 특별한 조작이나 밀고 당기는 줄다리기를 하지 않아도 자신이 대접받고 싶은 대로 규칙과 기준을 세워 남자아이에게 요구할 수 있다. 또한, 다정한 동반자 관계에 대해 자신이 품고 있는 이상을 두 사람의 애정에 적극적으로 반영할 수 있다.

딸 잘 키우는 tip

♡ 딸의 세계에 관심을 가진다. 딸이 좋아하는 친구, 음악, 패션에 대해 알아본다. 딸에게 요즘 어떤 가수의 노래를 듣는지 물어보고, 노래 가사는 어떤 내용인지 이야기해달라고 한다. 노래 가사가 전하려는 메시지에 대해 딸과 이야기해 볼 수도 있다. 이때 부정적인 내용, 특히 여성을 비하하는 내용은 없는지 점검한다.

♡ 페이스북이나 스마트폰 메시지를 통해 딸과 대화한다. 가끔씩 딸의 SNS 활동이 이루어지는 곳에 들러 훑어본다.

♡ 딸에게 진정한 친구를 사귀는 방법을 가르친다. 인기 있는 사람이 되는 것과 진정한 친구를 사귀는 것을 분별할 수 있게 한다.

♡ 가능하면 딸과 최대한 많은 대화를 하려고 노력한다. 대화를 통해 딸의 관점이나 의견을 알고, 딸이 성숙해가고 있다는 사실을 인정한다.

♡ 딸이 부모를 괴롭히거나 협박하도록 허락하지 않는다. 다

른 여자아이들을 마음대로 조종하려는 딸은 부모나 선생님도 조종하려 든다. 그 효과를 경험해봤기 때문이다.

♡ 딸이 친구를 어떤 관점으로 어떻게 평가하는지 물어보고 어떤 관계를 꿈꾸고 있는지 들어본다.

♡ 딸의 훌륭한 자질에 대해 칭찬하고 항상 최고를 기대한다. 딸은 부모가 기대하는 만큼 성장할 것이다.

십대 딸에게 힘을 주려면…

- 항상 딸을 존중해야 한다.
- 언제든 실질적인 도움을 줘야 한다. 딸은 여전히 부모의 지혜와 경험이 필요하다.
- 딸의 인격과 안전에 대해 관심을 가지는 다정한 어른들이 모인 모임에 참여하게 한다.
- 긍정적인 친구들과 사귀게 한다.
- 딸의 이야기에 귀를 기울여야 한다. 딸이 어떤 생각을 하는지, 어떤 기분이 드는지를 알아야 한다.
- 딸에게 자주 말을 걸어준다.
- 도덕적으로나 신체적으로 위험하지 않은 문제에 대해서는 딸 스스로 의사 결정하는 연습을 시킨다.
- 스스로를 높이 평가하는 법을 가르친다.
- 자신이 어떤 대우를 받고 싶은지 반영해 기준과 규칙을 정하는 능력을 길러준다.
- 딸이 필요할 때 도움을 주며 옆에 있어주되, 부모 자신의 신념을 확고하게 지킨다.

말할 수 있는 사람은 노래할 수 있고, 걸을 수 있는 사람은 춤출 수 있다.
아프리카 속담

호수 위에 떠다니는 벌레처럼 삶의 표면에서 살아가지 마라. 삶 속으로 깊이 뛰어들어 느끼고 생각하고 깨어 있어라. 활기 넘치는 부모일수록 딸에게 더 많은 것을 주고, 딸이 자라고 부모가 늙어가는 것에 대해 미소 짓게 된다.
스티브 비덜프, 《3살까지는 엄마가 키워라》

11
CHAPTER
엄마나 아빠 없이도 딸은 행복할 수 있다

이 책에서는 진정으로 딸을 이해하고 아이의 시선으로 세상을 바라보면서 부모만의 양육 스타일을 지키는 법에 대해 이야기하고 있다. 이는 한부모로서 딸을 키우고 있을 때 더욱 중요하다. 딸과 부모에게 도움이 된다면 옳고 그름의 문제를 떠나 무엇이든 도전해볼만하다. 하지만 그 가운데서도 결코 포기할 수 없는 몇몇 중요한 원칙이 있음을 잊어서는 안 된다. 이 장에서는 혼자 자녀를 기르는 한부모, 특히 아빠보다는 엄마에게 초점이 맞춰져 있다. 최근 들어 많은 아빠들이 혼자 자녀를 키우며 일과 양육 사이에서 균형을 잡는 데 어려움을 겪고 있기는 하지만, 아무래도 엄마가 양육자가 되는 경우가 더 많기 때문이다.

행복한 부모가 좋은 부모다

부모의 행복은 딸의 행복에 필수 조건이다. 행복한 부모가 좋은 부모다. 혼자 자녀를 키우는 것만으로도 너무나 버겁지만 가끔은 부모 자신의 행복을 돌아볼 필요가 있다. 이는 그 무엇보다 우선시해야 할 일이다. 부모로서 자신이 꿈꾸는 이상적인 모습을 딸에게 제대로 보여주지 못하고 있을지 모른다. 또, 물질적으로 그리 큰 성공을 거두지 못했을지도 모른다. 하지만 삶의 여정을 즐기려고 노력하자. 딸이 양친 부모가 다 있는 친구들이 누리는 이점을 모두 가지지 못한다 해서 죄책감을 느끼지 말자. 역사적으로 역경을 뚫고 성공한 많은 여성들의 이야기가 있지 않은가. 뿐만 아니라 힘든 어린 시절을 보냈지만 훌륭하게 자란 사람들이 얼마나 많은가.

아이들에게 고난이 반드시 나쁜 것은 아니다. 중요한 점은 어려운 상황을 어떻게 받아들이고 이겨내느냐다. 부모는 역경을 긍정적으로 해석해주고 아이의 작은 성공을 칭찬하고 축하하며 자신감을 키워줘야 한다. 흥미롭게도 아이들은 환경을 직관적으로 깊이 이해하는 능력이 있다. 엄마가 생계유지를 위해 일하고 있다면, 낮 동안 떨어져 지내며 보살핌을 받지 못한다 해도 충분히 이해하고 받아들일 수 있다.

딸이 엄마나 아빠의 부재를 느끼지 않게 하라

한부모 가정은 해마다 늘고 있는 추세다. 배우자 없이 혼자 딸을 키우는 데에 무엇보다 중요한 것은 주변에 있는 다른 어른들과 친밀하고 강력한 관계를 맺는 일이다. 물론 이들은 용기와 실질적인 도움을 주며, 의사 결정에 좋은 의견을 줄 수 있는 사람들이어야 한다. 딸에게는 공동체가 필요하다. 이 공동체는 대가족이 될 수도 있고, 친구들 무리가 될 수도 있고, 여러 경로를 통해 알고 지내는 사람들이 될 수도 있다.

홀로 딸을 키우는 엄마는 아빠가 있는 가정과 교류하기를 권한다. 딸에게 가정 안에서 남편이나 아빠의 역할에 대한 본보기를 보여줄 수 있기 때문이다. 한부모 가정에서 자란 딸들 중에는 부부 관계를 현실적으로 대하지 못하는 경우가 있다. 이러한 아이들은 마음속으로 부부 관계에 대한 이상을 품고 있는 데에다, 자라는 동안 부부가 티격태격하며 갈등을 해결하는 것을 본 적이 거의 없다. 때문에 실제 부부 관계 속에서 갈등을 겪게 되면 크게 당황하고 어쩔 줄 몰라 한다. 따라서 딸이 다른 가정을 통해서라도 부부가 다투고 사과하며 화해하는 과정을 볼 수 있게 해준다. 또, 부부를 중심으로 가족 안에서 일어나는 다양한 갈등과 해결 과정을 지켜보며 가정에 대한 현실적인 시각을 갖추도록 도와준다.

아이들에게는 엄마도 필요하고 아빠도 필요하다. 아빠가 없다면 아빠를 대신하거나 아빠의 부재를 보상해줄만한 존재가 있어야 한다. 최근 연구 결과에 따르면, 사별이나 이혼 때문에 아빠가 없는 아이가 이를 대신할 '제2의 아빠'가 생기면 심각한 문제를 일으킬 확률이 훨씬 줄어든다고 한다. 이때 제2의 아빠는 할아버지, 삼촌, 새아빠 혹은 멘토가 될 수 있고,

이 사람들이 적어도 1년 이상은 건강한 방법으로 아이의 아빠 역할을 해줘야 한다.

      이혼 후 엄마와 사는 딸이 아빠와 주기적으로 만난다면 전남편과 악감정 없이 관계를 유지할 수 있도록 노력해야 한다. 이혼 후 좋은 관계를 유지하기 힘들 수 있지만 딸을 위해 이와 같은 관계로 전환하도록 한다. 딸이 아빠(전남편)에 대해 엄마와 다르게 생각하고 싶어 한다는 것을 인정해주고, 자식을 위해서라면 부모로서 전남편과 협력한다.

엄마는 더 엄격하게, 아빠는 더 부드럽게

한부모로서 홀로 딸을 키우고 있다면, 배우자가 딸에게 해줄 역할이 무엇인지 연구하고 자신만의 방식으로 그 역할을 최대한 실천해본다. 엄마는 부드러움 속에서 때에 따라 엄격해질 필요가 있고, 아빠는 엄격함 속에서 부드러움을 유지해야 한다. 혼자 부모 역할을 하기도 벅찬데 배우자 역할까지 수행하는 것은 결코 쉬운 일이 아니다. 이를 감당하기 위한 중요한 기술 하나는 '자신만의 반석 위에 굳건하게 서 있는 능력'을 키우는 것이다. 부모가 스스로를 존중하면 자녀도 부모를 존중한다. 육아는 미래를 이끌어갈 주인공을 키우는 고귀한 일이다. 그러므로 존경받을 자격이 충분하다.

가족들이 서로 협력하는 방법 중 하나는 문제 상황을 헤쳐 나갈 수 있다는 태도를 지니는 것이다. '역경이 닥칠지 말지를 마음대로 선택할 수 없지만, 역경이 닥쳤을 때 무엇을 할지는 선택할 수 있다'는 말이 있다. 아이들은 부모가 피해자 의식에 사로잡혀 비통해하고 있는지, 아니면 긍정적으로 세상을 바라보고 있는지를 바로 알아챈다. 부모가 배우고 성장하며 목표를 이루어가면 자녀들도 그러한 태도를 보고 배울 것이다.

안정된 일상을 유지하는 일은 한부모 가정에 큰 도움이 된다. 규칙적으로 되풀이되는 일에 대해 순서와 방법을 정해 놓으면 효율이 극대화되고 가족들은 심리적으로 안정된다. 이와 같은 분위기에서는 가족들끼리 서로 협력하고 공유하기가 쉬워지고, 그만큼 가정에는 즐거움과 행복이 충만해진다. 남자 어른이 없는 집에서 딸을 홀로 키우는 엄마는 가끔씩 좀 더 엄격해지자고 스스로를 다잡을 필요가 있다. 가정 내에서 반복되는 일상에 대해서도 확실한 규칙을 만들어야 한다. 홀로 딸을 키우는 아빠는 좀 더 다정다감하게 자녀를 양육하는 법을 배워야 한다. 자녀의 말을 잘 들어주고 공감하며 감정적으로 기댈 수 있는 아빠가 되는 것은 딸에게 특히 중요한 문제다.

한부모로서 십대 딸을 키우는 길

사춘기 딸을 혼자 기르는 일은 남들보다 짐을 하나 더 지고 있는 것이나 마찬가지다. 십대들이 가진 많은 문제를 다른 사람의 도움 없이 해결해야 하기 때문이다. 그렇다 하더라도 십대 딸을 키우는 한부모는 칭찬받아 마땅하며 아주 멋진 일을 해내는 중임을 기억한다.

　　한부모 가정에서 자라는 딸에게 좋은 롤 모델을 접할 기회를 만들어주자. 엄마는 딸에게 아빠를 대신할 롤 모델을 제시하면 좋다. 주변에 선생님이나 본받을만한 어른들 혹은 아빠가 있는 가족들과 정기적으로 만남을 가질 수 있다. 딸은 이러한 모임에서 대화에 참여하면서 '안전한 남성'과 생각을 교환할 수 있다.

　　엄마는 딸과 텔레비전을 보면서 훌륭한 남성에 대해 칭찬하고, 딸이 남자를 평가할 때 어떤 자질을 중요시해야 하는지 가르쳐주자. 딸이 아빠에 대해 실망할 일이 생긴다면 현실을 직시하는 방법으로 상황을 해석하도록 노력한다. 아빠가 성실하지 못해 정기적으로 딸을 만나러오겠다는 약속을 지키지 않거나, 데리러 오겠다는 약속을 깨고 딸을 기다리게 했다면 어떻게 대처해야 할까? 이럴 때는 딸에게 다음과 같이 말해준다.

"아빠가 순간적으로 잘못된 선택을 했어. 너한텐 아무 잘못도 없어. 아빠가 약속을 지키든 지키지 않든 간에 넌 소중한 존재야."

깨어진 가정에서 자라며 믿었던 가족에 대한 배신감을 경험한 여자아이들은 다른 사람들과 관계를 맺는 데 어려움을 겪기 쉽다. 혹여나 다시 실망하게 될까 봐 누군가에게 감정적으로 완전히 빠져들지 않으려 하고 무의식적으로 거리를 둔다. 엄마는 좋은 아빠의 롤 모델이 될만한 다른 남성과 친밀한 유대 관계를 맺음으로써 딸의 마음에 있는 상처를 어느 정도 치유해줄 수 있다. 그들은 딸의 말에 귀 기울여주고 서로 신뢰하는 관계가 무엇인지 보여줄 것이다.

십대 딸을 둔 한부모는 혼자서만 시간을 보낼 수 있는 평화로운 공간이 필요하다. 어느 정도 자란 자녀들이 엄마나 아빠가 스스로를 돌보는 모습을 보게 하면 좋다. 이는 자녀들이 부모를 존중하도록 하는 데 도움을 준다. 직장에 다니는 부모는 퇴근 후 집에 돌아왔을 때 30분 정도는 온전히 자신만을 위한 시간을 보내도록 한다. 십대 자녀들에게도 그 시간 동안에는 혼자 있게 해주고, 어떤 요구나 질문, 판단을 하지 않도록 약속해둔다. 대신 그 후 30분 동안은 자녀들의 이야기를 들어주며 대화를 나눈다. 이를 통해 가족 모두 서로의 공간을 존중하는 법을 배우게 될 것이다.

십대 자녀들이 청소년 단체나 스포츠 클럽에 가입해 활동하도록 격려한다. 딸은 그곳에서 다양한 친구들뿐만 아니라 멘토가 될만한 다른 어른들을 만날 수 있다. 그들은 딸에게 부모가 줄 수 없는 삶의 균형을 되찾아주는 데 도움이 된다.

딸 잘 키우는 tip

십대 자녀들은 부모에게 돈을 달라고 조를 때가 많다. 딸에게 정해진 용돈을 주고 그 안에서 스스로 알아서 쓰게 한다. 단, 용돈을 무책임하고 헤프게 쓴 다음 돈을 더 달라고 조르면 엄격하게 거절한다. 아무리 졸라도 소용없다는 것을 확실하게 가르쳐준다.

용돈을 최대한 지혜롭게 활용하도록 가르쳐 딸이 불우하다고 느끼지 않도록 도와준다. 절약하는 법을 배울 수 있도록 중고 가게나 할인점을 활용하는 법을 알려줄 수도 있다.

부모가 꿈을 좇아야 딸도 꿈을 이룰 수 있다

스스로가 능력 있고 인정받는다고 느끼면서 만족스러운 삶을 살면 자존감 또한 높아진다. 부모는 자신의 꿈을 이루기 위해 노력할 필요가 있다. 이는 공부를 더 하는 것일 수도 있고, 새로운 직업을 가지는 것일 수도 있고, 특별한 여행을 위해 저축하는 것일 수도 있다. 꿈을 이루려면 아주 오랜 시간이 걸릴 수 있지만 포기하지 말고 꿈을 추구해야 한다.

소망을 품고 꾸준히 노력하는 태도는 자신뿐 아니라 딸에게도 변화를 일으킨다. 작은 일에 감사하고 미래에 대한 소망을 품을 줄 아는 아이들은 행복한 법이다. 여자아이들의 마음속에는 무언가를 창조적으로 이루거나 키워보고 싶은 갈망이 있다. 그것은 위대한 삶을 살려는 모험일 수도 있고, 사회를 변화시키거나 가정을 가꾸거나 재능을 꽃피게 하는 것일 수도 있다. 부모로서 원하는 바를 이루어내는 롤 모델이 되거나, 딸이 간단한 활동을 통해 원하는 것을 이루도록 도와줘야 한다. 딸을 도서관에 데려가 다양한 책을 읽을 수 있게 해주거나, 씨앗을 주어 작은 화분을 가꾸게 해보자. '어디든 마음이 가는 곳이면 발도 따라가기를 망설이지 않는 법이다'라는 옛말도 있지 않은가.

딸 잘 키우는 tip

♡ 부모는 슈퍼 히어로가 아니다. 부모가 해결할 수 없는 문제에 에너지를 낭비하지 않는다.

- ♡ 부모 자신의 가장 좋은 친구가 되도록 한다. 자녀들에게 긍정적이고 강인한 사람의 본보기가 되기로 결심하자. 부모는 스스로를 소중히 여기는 마음을 가져야 한다.
- ♡ 부모의 모든 사생활을 딸에게 알리지 않는다. 부모에게 일어나는 모든 일을 세세하게 딸에게 알릴 필요는 없다. 딸을 어른들 사이에서 일어나는 일까지 상담하는 친구로 삼지 않는다.
- ♡ 딸과 떨어져 사는 아빠는 딸이 아빠의 관심과 대화를 원한다는 사실을 기억한다. 평소 일기를 쓰거나 메모를 남겨 딸과 전화 통화를 할 때 아이의 생활에 대해 잘 알고 있고 관심이 많다는 것을 보여주자. 남자들은 사실에 대해서만 이야기하지만 딸을 포함한 모든 여자들에게는 감정이 중요하다는 사실을 명심해야 한다.
- ♡ 딸에게 상처 주지 않고 안 된다고 말할 수 있어야 한다.
- ♡ 공동체에 참여한다. 비슷한 처지에 있는 싱글맘이나 싱글대디와 어울릴 수 있고, 딸도 또래 친구들 무리에 속할 수 있다. 아이를 데리고 방문할 수 있는 도서관, 어린이 클럽, 여성 단체 등을 찾아보자.
- ♡ 부모 자신의 꿈을 가져야 한다. 일주일에 하루 정도는 부모만을 위해 투자한다. 강의를 들어도 좋고, 독서 모임에 가도 좋고, 취미 생활을 해도 좋다.

♡ 주변 어른들과 상호 작용하는 것은 부모의 성장과 발달에 중요하다. 친구들과 밖으로 나가 즐거운 시간을 보낸다. 다음 날을 시작하는 마음가짐이 달라질 것이다. 가끔 주말 동안 아무것도 하지 않고 푹 쉬면서 보내는 것도 정신 건강에 도움이 된다.

홀로 아이를 키우는 부모는…

- 부모 스스로의 행복부터 돌아본다. 이는 딸의 행복을 위해 필수다.
- 딸이 또래 친구들이 누리는 모든 이점을 누리고 있지 못한다 해서 죄의식을 느끼지 않는다.
- 격려해주고 지지해주는 다른 어른들과 좋은 관계를 유지하고 발전시킬 수 있도록 노력한다.
- 헤어진 배우자와 비판과 악담을 퍼붓는 사이가 되지 않는다.
- 부모가 스스로를 존중하면 자녀들도 부모를 존중한다.
- 매일의 일상생활이 순조롭게 흘러가도록 서로 노력한다.
- 딸의 이야기를 들어주고, 공감해주고, 언제든 딸이 감정적으로 기댈 수 있는 사람이 된다.
- 딸이 엄마와 아빠라는 역할에 대한 바른 롤 모델을 확실하게 가지고 있는지 확인한다.
- 혼자만의 시간을 보낼 수 있는 평화로운 공간을 만든다.
- 부모만의 꿈을 좇는다.

부모님은 두 분 모두 날 믿어주었다. 특히 어머니는 내가 원하는 것은 무엇이든 열심히 하기만 하면 잘 할 수 있다고 했다. 나는 어머니 덕분에 나 자신을 능력 있는 사람으로 믿어 의심치 않았다.

조안 키너, 호주 최초의 여성 수상

CHAPTER 12

딸에게 용기를 주는 엄마가 되라

오늘날의 삶이 이전 세대와 많이 다르다 해도 창조적이고 강인한 여성들이 물려준 보물 같은 유산을 지켜내야 한다. 그들이 우리를 위해 만들어준 기지를 발판으로 삼아야 하고, 그것이 하나하나 제대로 기능하도록 진실성과 용기를 가지고 노력해야 한다.

　여성들에게 엄마가 딸을 위해 해줄 수 있는 가장 중요한 것이 무엇인지 물었더니 많은 사람들이 '용기'라고 대답했다. 이와 관련해 한 여성은 "사춘기 때는 모든 것이 불안하고 불확실해요. 누군가 우리에게 던진 말이나 아침에 골라 입는 옷에 이르기까지 전부 다 그래요. 그리고 항상 자신을 친구들과 비교하며 평가하지요. 특히 친구들이 보이는 반응에 많이 흔들려요. 하지만 엄마는 좀 더 긴 안목으로 그 이상을 바라보게 해주는 사람이에요. 나쁜 습관을 들이지 않고 서로의 한계를 넘어서도록 도와주지요."라고 말했다.

엄마는 딸의 마음을 성장시킨다

엄마는 자녀의 인격뿐만 아니라 마음도 양육하는 사람이다.

엄마는 딸을 더 넓은 여성들의 공동체와 연결시켜줘야 한다. 딸에게는 훌륭한 멘토가 될 수 있는 믿을만하고 귀감이 되며 에너지가 넘치는 다른 여성들이 필요하다. 그리고 힘들 때 찾아가 쉬며 인생과 사랑에 대해 이야기를 나눌 수 있는 공간이 필요하다. 할머니든, 고모나 이모든, 친구들이든 관계없다. 이들과 맺는 유대 관계는 딸의 삶을 풍요롭게 만들 밑거름이 될 것이다. 딸이 존경하고 믿을만한 여성들과 공동체를 이루며 긴밀한 유대 관계를 맺도록 해주는 것은 엄마가 해줄 수 있는 소중한 선물이다.

딸 잘 키우는 tip

아이들은 자라면서 동성인 어른들에게 점점 더 많은 관심을 보인다. 또, 어른들이 한 행동을 잘 기억하고 롤 모델로 삼고 싶어 한다. 하지만 남자아이들이 여성을 롤 모델로 삼는 것에 비해 여자아이들이 남성을 롤 모델로 삼는 경우가 월등히 많다.

엄마와 딸, 둘만의 시간을 가져라

부모가 삶의 가치와 의미를 추구할 때 딸들은 그러한 부모의 모습을 통해 미래를 어떻게 그려가야 할지 배우게 된다. 여성들은 살면서 느끼는 감정을 해석하고 소중한 가치를 가르치는 데 타고난 재능이 있다. 따라서 엄마라면 이와 같은 스스로의 능력을 자각하고 잘 이용해야 한다. 엄마는 딸들이 최초로 만나는 선생님이자 양육자이다.

딸과 강한 유대를 맺기 위해 엄마가 가진 힘 안에서 어떻게 삶을 꾸려가고 양육할지 결정하자. 부모는 딸이 사회적, 신체적, 정신적 차원에서 자신의 기량을 마음껏 발휘하는 삶을 살도록 도와주고 싶어 한다. 이 세상은 여자들이 살아가기에 여전히 힘들다. 하지만 그러한 요지경 속에서도 부모는 자신만을 위해 평화롭고 고요한 시간을 찾는 법을 딸에게 알려주고 싶을 것이다. 우선, 딸과 진한 우정을 쌓아갈 수 있는 방법에 대해 생각해본다. 딸의 방에서 아이의 기쁨, 두려움, 걱정거리에 대해 수다를 떤다거나 가까운 공원으로 같이 산책을 가도 좋다.

시간+이해+즐거움=사랑을 느낌

심리학자들은 아이들이 사랑받고 있다고 느끼게 만드는 공식이 있다고 주장한다. 그 공식은 '시간+이해+즐거움=사랑을 느낌'이다. 아이들에게는 사랑한다고 말하는 것만으로는 충분하지 않다. 부모가 너무 바쁘면 아이들은 외롭고 고립된 느낌을 받는다.

자녀와 유대감을 키우는 시간이 반드시 길거나 애써 특별한 준비를 해야 하는 것은 아니다. 식사 후 식탁을 치우는 일을 함께한다든가, 쇼핑을 같이 가는 것처럼 매일 반복되는 일상 속에서 계획을 세워 실천해볼 수 있다. 아이들과 티타임을 가지는 것도 좋다. 하루에 한 번 정도 차를 마시는 시간을 가짐으로써 자녀와 친밀해지는 계기를 만들어볼 수 있다.

유치원 아이들에게 엄마가 대단할 때가 언제인지 물었더니 다음과 같은 대답을 들을 수 있었다.
"나를 꼭 안아줄 때."
"내 옷을 깨끗하게 빨아주고, 학교 갈 때 뽀뽀해줄 때."
"나랑 놀아주고, 아프면 돌봐줄 때."
"맛있는 거 해줄 때."

딸 잘 키우는 tip

♡ 부모의 감정적인 위안을 위해 딸을 보살피지 않는다. 또는 엄마의 욕구를 채우기 위해 딸의 사랑과 지지를 이용하지

않는다.

♡ 딸에게 해서는 안 되는 행동에 대해 가르친다. 딸이 일부러 부모의 기분을 상하게 하려 들더라도 기분 나쁘게 받아들이지 않는다. 부모로서 기준과 원칙을 지키면서 흔들리지 않고 침착하되, 다정하고 적극적인 부모가 되자.

딸과 취미 활동을 공유하라

정기적으로 딸과 데이트하는 시간을 가진다. 딸이 어느 정도 자라면 여자들끼리 즐길 수 있는 것을 딸과 해본다. 같이 쇼핑을 하고, 공연을 보러 가고, 취미 생활을 배워보자.

특히 딸의 취미 활동을 격려하고 함께 즐길 수 있는 것을 찾아보면 좋다. 딸과 요리를 하기 위해 재료를 사러 마트에 같이 간다. 식구들이 모이거나 손님을 맞이한 저녁 식사에서 딸이 만든 요리를 내놓고, 멋진 요리사로서 칭찬받고 인정받게 해준다. 딸과 독서 활동을 할 수도 있다. 딸에게 많은 책을 읽도록 격려하고 용기 있는 영웅들의 이야기를 추천한다. 책을 통해 정의를 위해 일하고, 훌륭한 업적을 쌓고, 겸손하고 관대한 마음을 지닌 사람들을 만날 수 있기 때문이다. 딸과 읽은 책이나 본 영화에 대해 토론하는 시간을 갖는 것도 좋은 방법이다.

자매에게는 공평한 관심이 필요하다

딸이 둘 이상이면 각자의 개성이 조화를 이루도록 하는 것은 어려운 일이다. 대부분의 둘째들은 자라면서 정체성을 찾아갈 때 언니와는 완전히 다른 선택을 할 것이다. 자매들은 서로 다른 개성을 지닌 경우가 많기 때문이다. 부모가 딸들 각자의 개성에 따른 장점과 욕구를 알면 아이들을 진정으로 이해하게 될 것이다.

딸이 둘 이상이면 집안에서는 "불공평해!"라고 울며 외치는 소리가 들리기 쉽다. 자매끼리 지나친 경쟁심을 보이는 것 같은 이러한 외침은 핫초코 안에 마시멜로가 몇 개 들어갔는지를 두고 다투는 것이 아니다. 사실은 "내가 중요한 존재지? 소중한 존재 맞지?"라고 무의식적으로 간청하고 확인하는 소리다.

나이 차가 별로 나지 않는 두 딸을 키우는 엄마는 월요일 오후마다 1시간 정도 '엄마 클럽'을 열어보자. 이 시간에는 두 딸 중 한 명만 번갈아가며 참여해 엄마와 일대일로 시간을 보낼 수 있다. 나머지 한 사람은 혼자 할 일을 한다. 엄마 클럽에서는 두 사람이 함께 즐길 수 있는 일을 한다. 예를 들어, 공예, 카드나 앨범 만들기, 인터넷에서 딸이 가장 좋아하는 주제에 대해 검색하기 등이 있다. 그것이 합리적 판단 아래 허락될 수 있는 것이면 딸이 원하는 일은 무엇이든 같이 해보는 게 좋다. 이렇게 정기적으로 딸과 일대일로 시간을 보내면 엄마의 관심을 끌기 원하며 불공평하다며 울음을 터뜨리는 일도 줄어들 것이다.

사춘기 딸의 기분을 수시로 체크하라

엄마와 딸은 서로를 깊이 이해할 수 있는 관계다. 두 사람 사이에는 아주 아름다운 친밀함이 자리 잡고 있다. 둘이 힘을 합치면 멋지고 강력한 조합을 이룰 수 있다. 하지만 딸이 사춘기에 들어설 무렵에는 이전까지 아무리 친하게 지냈던 엄마라 해도 딸로부터 잠시 거부당할 수 있다. 딸은 새롭게 찾아온 느낌과 감정을 처리하면서 정체성을 찾아가느라 혼란스럽고 불안하다. 어느 정도 정신을 가다듬으려면 시간이 필요하다. 아마 오랫동안 자기 방에서 나오지 않는 시간이 많아질 것이고, 비이성적인 감정 폭발을 보일 것이다.

중요한 것은 사춘기 딸이 아직은 자기 자신에 대한 지식이 부족하고 알아가야 할 것이 많은 어린아이라는 사실이다. 따라서 가족이 다 같이 저녁을 먹는 것과 같은 중요한 원칙을 철저히 지키려 노력하자. 부모는 어른이다. 부모는 사춘기 딸에 비하면 더 쉽게 감정과 행동을 통제하고 침착함을 유지할 수 있다. 딸의 기분이 안 좋아 보이면 부모는 침착하게 정서적으로 접근한다. 그리고 딸에게 따뜻한 차를 주며 다음과 같이 물어본다.

"오늘은 평소 네 모습과 달라 보이네. 무슨 일 있니?"

가족 치료 전문가인 다이앤 레비(Diane Levy)가 말했듯이, 딸이 부모에게 하는 행동이 타인에 대한 예절을 벗어나 무례하기 짝이 없을 때 그냥 넘어가서는 안 된다. 가장 효과적인 벌은 딸을 향한 지원을 끊는 것이다. 학교까지 차 태워주기, 집안일 도우면 용돈 주기 등을 더 이상 하지 않고 딸이 자신의 잘못에 대해 사과할 때까지 기다린다. 하지만 두 사람 사이가 이 정도로 나빠지지 않도록 사전에 관심을 가지고 대처하는 게 최선이다. 딸이 더 자라면 부모의 신뢰를 저버리거나 금기를 범했을 경우 어떤 벌칙을 받아야 한다고 생각하는지 물어보는 것도 좋은 방법이다.

딸 잘 키우는 tip
딸에게 여성으로서의 장점 알려주기

♡ 딸에게 여성의 영향력이 얼마나 큰지, 어떻게 여성이 힘든 상황을 극복하고 다른 사람을 감화시키는지 가르친다.

♡ 아빠의 도움을 받지 않고 스스로 전구를 갈게 하는 것과 같은 간단한 가르침으로부터 딸의 주인 의식이 싹튼다.

딸이 양성성을 고루 가질 수 있게 하라

엄마는 딸의 변호인이 되어 아빠와 맞서지 않는다. 또, 아빠가 안 된다고 했을 때 딸의 입장에 서서 협상하려 하지 않는다. 딸이 스스로 협상하게 하자. 딸에게 교묘한 감정적인 조작 없이 남자들에게 자기주장을 펼치도록 가르쳐야 한다. 아빠는 딸이 토론하고 설득하는 능력을 키우기 위해 연습하는 데 가장 완벽한 상대다.

딸의 사춘기에 당황하지 마라

딸이 사춘기에 들어서면 자신만의 정체성을 확립하기 위해 일시적으로 부모를 밀어낼 수 있다. 뿐만 아니라 자신만의 공간을 원하고, 부모의 가치관에 의문을 품고, 심지어는 거부하기도 한다. 하지만 당황할 필요는 없다. 사춘기 딸은 부모가 가르쳐준 가치관을 더 넓은 세상에 적용하는 중이다. 부모가 말과 행동이 다른 위선을 보이지만 않는다면, 딸은 자라면서 부모가 가르쳐준 가치관을 자신의 것으로 만들 가능성이 크다.

대부분 사춘기 딸들은 엄마가 자신을 전혀 이해해주지 않는다고 화내고는 한다. 하지만 딸이 부모에 대해 가장 비판적일 때가 부모의 이해를 가장 많이 필요로 할 때일 가능성이 크다. 사춘기 딸이 급격한 감정과 기분 변화를 보이면 엄마와 딸, 두 사람 모두 이에 대처하느라 당황하게 된다. 그 사이에 두 사람의 관계가 예전과 달라지고 엄마는 충격을 받는다. 딸이 엄마 곁을 떠나 무엇이든 독립적으로 하려 들면 엄마는 소외감을 느끼고 불안해진다.

사춘기 딸이 필요로 하는 부모가 되려면 미리 마련해둔 내면의 힘을 발휘해야 한다. 두 가지 상반된 관점 사이에서 혼란스러워하는 듯한 딸을 지켜보며 흔들리지 않아야 하기 때문이다. 딸은 엄마를 이상하고 당황스럽고 도움이 필요한 존재이면서 동시에 가장 편안하고 든든하며 절대적으로 필요한 존재로 여긴다. 부모는 딸의 마음을 읽고 이해하는 법을 배워야 한다. 물론 딸이 자신의 행동에 따른 결과를 책임지게 하고, 가족들에게 도움이 되는 일을 하도록 가르치는 것 또한 게을리해서는 안 된다.

딸이 사랑과 성을 제대로 받아들이게 하라

'내가 사랑할 수 있을까? 나는 사랑받게 될까?'

여자아이들의 마음속에는 늘 이러한 질문이 살아 있다. 사춘기 딸의 사랑과 우정은 앞으로 몇 년 동안은 어느 정도 엄마의 관심사가 되기 쉽다.

엄마로서 딸에게 꿈, 자존감, 삶의 목표를 심어주고, 헌신적인 사랑 없이 맺어진 성관계가 왜 위험한지 설명해줘야 한다. 그리고 사랑과 성에 대해 개인적으로 기준과 규칙을 정해두고 지키면, 미래에 꿈을 이루고 사람들과 좋은 관계를 맺는 데 어떤 도움이 되는지도 가르쳐준다. 물론 위험한 성관계를 갖지 않고, 여러 가지 활동을 함께하면서 상대방을 알아가고 우정과 로맨스를 즐기는 방법도 알려줘야 한다. 딸에게 개성을 발휘하며 헌신하는 남편에 대한 꿈을 주자. 딸이 십대에 들어설 무렵 부모가 준 정보를 바탕으로 꿈을 꾸고 성장하게 하자.

서로 믿을 수 있는 관계를 맺으려면 좋은 감정만으로는 부족하다. 서로에게 헌신하는 행동이 따라야 한다. 딸에게 흥미, 가치관, 목표를 공유하며 인생길을 나란히 걸어갈 평생의 동반자와 관계 맺는 법을 가르친다. 이 모든 것을 하나하나 직접 딸에게 가르치기는 어렵다. 하지만 걱정하지 않아도 된다. 딸에게 나이에 적절한 규칙을 만들어주고, 딸의 미래에 대해 높은 기대와 소망을 품는 것 자체가 딸의 사람 보는 안목을 키워줄 수 있기 때문이다. 이는 딸이 훌륭한 미래의 배우자를 고를 수 있도록 가장 좋은 기회를 마련해주는 셈이다.

실천하기

♡ 25살이 되면 15살 때 반해버린 남자에게 흥미와 관심을 잃어버릴 가능성이 크다. 이 사실을 분명히 딸에게 알려준다. 그리고 그와 성관계를 갖지 않았을 경우 관계를 끝내기가 훨씬 쉽다는 것도 알게 한다.

♡ 진정한 우정과 단순히 성적인 매력에 끌리는 것의 차이를 가르쳐준다.

♡ 남자아이들은 시각적인 자극만으로도 여자아이들에게 끌리지만, 여자아이들은 성관계를 갖기 전에 애정을 먼저 느껴야 한다. 이러한 차이를 딸에게 확실히 일러둔다.

♡ 영화에서는 가볍게 성관계를 맺는 것이 멋진 사랑으로 연결되지만 현실은 그렇지 않다는 사실을 알려준다.

♡ 딸에게 진정한 사랑에 대해 가르쳐준다. 또, 남자아이들이 육체관계를 갖기 위해 사탕발림하는 것에 대해 경계해야 한다고 알려준다.

♡ 딸을 많은 단체 활동에 참여시킨다. 청소년 단체 활동이나 가족 모두가 참여하는 단체 활동도 좋다.

외모에 대한 딸의 관심은 자연스러운 것이다

여자아이들은 예쁘고 우아하게 보이려고 몸단장을 하며 외모에 신경 쓴다. 타고난 아름다운 모습보다 더 많은 것을 보여주고 싶기 때문이다. 엄마는 자신의 자존감부터 살려야 한다. 엄마가 자신의 여성성이나 매력에 대해 자신감이 부족하고, 이것이 외모에 신경 쓰지 않고 옷을 아무렇게나 입는 것으로 표현된다면 딸에게도 큰 영향을 끼치게 된다. 딸은 엄마가 이끄는 대로 따라갈 것이고, 그러다가 사람들 앞에서 당황하는 일을 겪거나 반항하게 될 수 있다. 엄마는 항상 딸의 욕구에 민감해야 하고 딸이 주변으로부터 인정받는다고 느끼는지에 주의를 기울여야 한다. 또, 딸이 가진 매력을 일깨워주고 몸단장에 쓰는 예산의 균형을 맞추도록 가르쳐야 한다. 딸이 거울을 보고 자신을 살필 수 있도록 해주자.

딸 잘 키우는 tip

♡ 딸의 이야기에 귀 기울이는 엄마가 되어야 한다. 딸에게 편안하게 이야기할 수 있는 시간을 만들어주는 것은 매우 중요하다. 아침에 침대에 누워 있는 딸을 꼭 껴안아주며 깨우

거나, 딸과 일대일 데이트를 하거나, 방과 후 집에 돌아왔을 때 간식을 주면서 딸과 이야기를 나누어보자.

♡ 딸과 친밀한 유대를 맺는 즐거운 시간을 가진다. 두 사람 사이의 사랑이 돈독해지고 추억이 쌓일 것이다.

♡ 딸의 인생에서 중요한 시기마다 잊지 않고 축하해준다. 예를 들어, 초경을 치르거나 13살 생일이 될 때 특별한 의식을 치르게 해주는 것이다.

♡ 딸과 단 둘이 보내며 오로지 아이에게만 관심을 쏟는 시간을 만든다. 함께 설거지하며 수다를 떤다거나, 둘이서만 카페에 가서 커피나 주스를 마신다. 혹은 보온병에 따뜻한 차를 담아 공원으로 산책을 나간다. 딸은 이 시간을 '어른들이 하는 외출'로 받아들이며 즐긴다. 무엇을 하든 가장 중요한 것은 엄마와 딸, 둘이서 즐거운 시간을 보낸다는 사실이다.

♡ 딸이 '까칠한 시간'을 보낼 때는 혼자 마음을 가다듬을 시간과 공간을 준다. 사춘기 딸은 여학생 특유의 심술궂고 남을 모함하는 문화 속에서 힘들 때가 많다는 사실을 기억하자.

♡ 딸 앞에서 쓰는 말을 주의한다. 엄마가 몸무게에 대해 불만을 터뜨리고 다이어트에 대해 이야기할 때마다 딸은 듣고 있다. 먹으면서 축하하고 즐거워하는 건강한 삶의 본보기를 보이자.

♡ 딸에게 우정을 쌓도록 격려하고 모범을 보인다. 딸의 친구

들과 친하게 지내며, 친구들이 집에 오는 것을 환영하고, 아이들의 부모들과도 친하게 지낸다. 딸에게 우정을 쌓는 법을 보여주고, 딸도 친구에게 우정을 담아 친절을 베풀도록 조언한다.

♡ 딸에게 일어날 신체 변화에 대해 미리 알려주고, 엄마가 발견한 딸의 '소중한 매력'에 대해 알려준다.

♡ 십대에 성관계를 가지는 것을 허락하지 않는다. 딸이 어디에서, 누구와 있는지를 알려는 것은 엄마가 그만큼 딸을 소중하게 생각하기 때문이라는 것을 말해준다.

♡ 딸이 위대한 여성들과 만나게 한다. 또, 능력 있고 멋진 여성을 칭찬한다.

♡ 딸에게는 구체적으로 이야기한다. 여성의 어떤 행동, 가치관, 성취가 존경할만한 것인지 자세히 말한다. 수학, 과학, 역사 분야에서 뛰어난 여성들에 대한 책을 읽게 하고, 롤 모델이 될만한 여성을 제시한다.

♡ 집안일을 분담해 가족 구성원으로서 소속감을 느끼게 한다. 내 방 청소하기, 일주일에 한 번씩 식사 준비하기 등을 시켜보자. 아이들은 자라면서 더욱 많은 일을 자율적으로 하고 싶어 하는 동시에 더 많은 책임감을 느끼고 싶어 한다.

딸이 원하는 엄마는…

- 격려해주는 엄마
- 위대한 멘토를 만나게 해주고, 믿고 존경할 수 있는 여성들과 유대 관계를 맺게 해주는 엄마
- 긍정적인 롤 모델이 되는 엄마
- 자신만의 가치관과 자존감을 지키는 엄마
- 즐겁고 재미난 시간을 보낼 줄 아는 엄마
- 건강한 우정에 대해 가르쳐주는 엄마
- 꿈, 자존감, 목표를 심어주는 엄마

아빠는 언제나 내 의견을 진지하게 들어준다. 항상 내 눈을 바라보며 이야기하고, 내가 소중한 존재라고 느끼게 해준다.

아빠와 함께하는 시간은 항상 즐거웠다. 우리는 하프 마라톤 경주에도 나갔다. 내 인생에서 가장 위대한 일은 엄마와 아빠가 내면으로부터 우러나는 아름다움이 중요하다는 것을 깨닫게 해준 것이다.

13
CHAPTER

딸에게 자신감을 주는 아빠가 되라

아빠가 딸에게 줄 수 있는 놀라운 선물이 있다. 그것이 돈이라면 딸은 분명히 신 나게 받을 것이다. 하지만 아빠는 딸에게 이보다 훨씬 좋은 것을 선물할 능력이 있다. 그것은 바로 자존감, 여성성에 대한 자신감, 능력과 잠재력에 대한 깨달음이다.

　모든 부모는 딸의 마음속에 강력한 메시지를 심어주고, 건강한 관계와 성취로 채워진 훌륭한 인생을 살도록 이끌어 줄 수 있다. 특히 딸을 가진 아빠가 되는 일은 큰 책임을 지는 것과 같다. 사람들은 훌륭하고 멋진 아빠가 되는 것에 대해 자주 이야기한다. 부녀지간은 아주 독특한 관계다. 아빠는 딸이 마음을 준 첫 번째 남자이고, 이 사실은 앞으로도 결코 변하지 않을 것이다. 아빠로서 딸을 보호하고 인정하며, 딸은 아빠를 자신의 인생에서 특별한 위치에 둔다.

　딸이 인생에서 좋은 출발을 하도록 돕기 위해 반드시 똑똑하고 완벽한 아빠일 필요는 없다. 하지만 딸은 아빠의 눈으로 볼 때 자신이 특별한 존재인지 아닌지를 분명히 인식한다. 여자아이들이 사춘기에 접어들면 자존심을 세워나가는 근거가 엄마에서 아빠로 옮겨간다고 한다. 이 시기의 딸은 아빠의 생각에 따라 크게 달라지고, 아빠의 인정을 받는 것에 특히 민감하다. 딸은 아빠가 신체적인 팔뿐만 아니라 감정적인 팔로도 자신을 안전하게 감싸고 있음을 느낄 수 있어야 한다. 아빠는 딸이 무엇을 해내는지보다 어떤 인격체인지에 주목하고 칭찬이나 충고를 해야 한다.

딸은 아빠의 격려가 필요하다

역사상 오랫동안 딸의 양육은 전적으로 엄마의 몫이라는 생각이 지배적이었다. 다행히 오늘날의 아빠들은 딸이 자아를 바라보는 시각을 키우고 경험을 쌓는 데 중요한 역할을 하기 시작했다. 아빠가 하는 말은 딸이 사춘기라는 자기 의심과 혼란의 시기를 무사히 헤쳐 나가도록 도와주는 신호등과 같다. 또, 딸에 대한 아빠의 믿음은 콘크리트 벽을 든든하게 지탱하는 철근과도 같다. 이 모든 역할을 감당하는 아빠를 둔 딸은 인생을 뒤흔드는 사건을 겪는다 해도 결코 무너지지 않을 것이다. 또, 내면의 강인함이 고통을 견딜 수 있게 해줄 것이다. 그 어떤 힘든 시간도 결국 지나가고 이를 통해 배운 교훈이 인격을 바로 세워줄 것이라 믿기 때문이다.

딸은 아빠로부터 "넌 사랑스럽고, 똑똑해."라는 말을 서로 다른 수천 가지 방식으로 들어야 한다. 부모 세미나, 기업 회의, 방송 등을 통해 만난 많은 여성들로부터 들었던 한결같은 이야기가 있다. 그녀들은 아빠에게서 이러한 말을 자주 들었다고 한다. 특히 어린 시절과 사춘기를 통해 아빠에게 들은 말이 정말 힘이 되었다고 고백했다. 아빠는 딸이 독립적인 여성으로 자라도록 도와주고, 살면서 필요한 실용적인 기술을 독특한 방법으로 가르쳐줄 수 있는 사람이다.

딸은 자신의 행동을 직접 칭찬하고 인정해주는 말이 아닐지라도 늘 아빠로부터 긍정적이고 자기 입장에 동조해주는 말을 듣고 싶어 한다. 딸이 어떤 잘못을 저질렀을 때 아빠의 지원과 격려가 그 무엇보다 필요할 것이다. 딸이 한 행동의 결과가 아니라 됨됨이나 성격에 대해 칭찬하고 인정해주도록 한다.

아빠는 나를 낚시에 데려가고 자동차도 태워준다. 내가 상처 났을 때 약을 발라준다(서나, 7살).
아빠는 내 손을 잡고 깡충깡충 뛸 수 있게 도와준다. 술래잡기 놀이도 한다(루시, 6살).
아빠는 나를 안아주고 뽀뽀해주고 숙제하는 것을 도와준다. 아이스크림 가게에 데려가고 고장 난 물건을 고쳐준다(알렉산드라, 6살).
우리 아빠 같은 사람은 드물다. 요리도 할 줄 알고 고양이 먹이도 준다(칼라, 11살).

아빠는 똑똑하고 재미있고 우리를 잘 돌봐주고 생각이 깊고 다른 아빠들과는 정말 다르다(나오미, 9살).
아빠는 수영장에서 나랑 같이 놀아준다. 가족을 돌봐주고 컴퓨터에 대해 정말 많이 안다(엠마, 6살).

― 조 말콤, 《뉴질랜드의 아빠들》

아빠는 딸의 슈퍼 히어로

딸은 신체적인 보호뿐만 아니라 감정적인 보호도 필요로 한다. 아빠는 딸에게서 받고 있는 신뢰를 특권으로 생각하고 누려야 한다. 아빠는 딸을 보호하고 가르치기 위해 규칙과 기준을 만들어주고, 딸이 필요할 때 달려가는 영웅이 되어야 한다. 딸은 자신이 힘든 상황이 되면 언제든 아빠가 곁에 있어준다는 것을 알 필요가 있다. 또, 아빠가 딸을 사랑하기 때문에 딸의 안전을 위해 규칙을 정해준다는 것도 알아야 한다.

딸을 과잉보호하지 마라

아빠는 딸의 자존감과 능력을 발달시키는 데 중요한 역할을 한다. 아빠는 딸을 더 넓은 세계로 이끌어 자라면서 점점 자신감을 갖도록 해야 한다. 아빠가 딸에게 기대하는 모습은 삶의 도전거리를 헤쳐 나갈 능력이 있다는 것을 아는 자신만만한 여성이다. 딸은 자신이 원하는 바를 얻기 위해 어디로 가야 할지 알 필요가 있다. 이를 위해 딸 스스로 생각하고, 주장하고, 필요할 경우 안 된다고 용기 있게 말하도록 가르쳐야 한다. 항상 어떤 문제에 대해 끝까지 충분히 생각하고 스스로의 판단을 믿도록 격려한다.

무슨 일이든 다른 사람이 하기를 기다리기 전에 먼저 나서서 해결하는 딸이 되기를 바란다면, 딸에게 전구를 갈아 끼우는 일이든 자전거 체인을 감는 일이든 알아서 척척하도록 가르쳐야 한다. 물론 아빠가 자전거를 고쳐주면 딸이 기뻐하는 때도 있어야 한다. 하지만 딸이 조그마한 것이라도 스스로 고치거나 문제를 해결한다면 아낌없이 칭찬함으로써 아이의 좋은 행동을 강화시켜야 한다.

세상에는 딸에게 위험한 것이 너무 많다. 하지만 그렇다고 딸을 과잉보호하는 것은 아무런 효과가 없다. 그것은 딸에게 "너를 믿지 못하겠어."라고 말하는 것이나 마찬가지다. 가능하면 언제, 어디서든 여자아이들에게 더 좋은 세상을 만들기 위해 다른 부모들과 협력하자. 그리고 여성에 대한 폭력, 여자아이에게 성적 매력을 부여하는 미디어, 남성 중심 사상에 대한 종지부를 찍도록 요구해야 한다.

딸 잘 키우는 tip

♡ 아빠가 딸을 가르칠 때 이용하는 위대한 원칙은 "넌 나를 지켜봐라. 나는 널 돕고 지켜줄 거야."와 같다.
♡ 아빠가 딸에게 해줄 수 있는 가장 멋진 일은 세상에 맞설 수 있는 능력을 키워주는 것이다. 딸을 지나치게 과잉보호하지 말고 세상으로부터 숨기지 말자.

딸의 신체 활동을 함께하라

신체적으로 활발한 여자아이들에게는 아이들과 활발히 놀아주는 아빠가 있다. 딸이 어렸을 때부터 신체적인 활동을 함께하자. 공놀이, 술래잡기, 줄넘기, 농구, 축구 등 딸과 즐겁게 뛰놀 수 있는 것이라면 무엇이든 좋다. 간단하게는 산책을 하는 것도 괜찮다. 신체적으로 활발한 여자아이들은 사춘기에 일탈을 범할 확률이 낮다는 연구 결과도 있다.

딸에게 내면의 가치를 알게 하라

딸의 외모나 가치에 대한 아빠의 평가는 딸의 자아감 형성에 큰 영향을 끼친다. 아빠는 딸의 모든 면에 대해 '있는 그대로' 격려하고 인정하며 안아줘야 한다. 이는 딸이 외부의 잘못된 평가로부터 스스로를 지키고 자기 의심의 길로 빠지지 않도록 도와주는 길이다.

최근에 오클랜드대학교에서 실시한 연구에 따르면, 섭식 장애를 겪는 여자아이들 중 많은 수가 마른 여자가 아름답다고 생각하는 아빠의 영향을 받은 것으로 드러났다. 아빠들은 음식에 대해 건강한 태도를 보여야 하고, 딸의 몸무게에 대해 평가하거나 비판하지 말아야 한다. 딸을 개인 운동 코치로 삼아 조깅할 때 항상 데려가보자. 조깅이 아빠의 건강을 위한 것이지 딸의 체중 조절 때문이 아님을 강조하는 일도 잊지 않는다.

아빠의 격려와 지원이 있으면 부정적인 사건도 인생을 망치는 장애물이 아닌 새 출발로 바꿀 수 있다. 실비아 립은 《딸을 성공으로 이끄는 방법》에서 메리 테일러라는 여성에 대한 이야기를 하고 있다. 메리 테일러는 중국에서 선교사의 딸로 자랐다. 2차 세계 대전 때는 일본에 끌려가 강제 수용소에서 어린 시절의 3년을 보내야 했다. 메리 테일러는 당시 아버지가 들려준 긍정적이고 용기를 주는 말이 어두운 시절을 견디게 해준 등불이 되었다고 고백했다. 전쟁이 끝난 후 메리 테일러는 미국으로 돌아왔는데 14살 때 왼팔을 잃는 큰 사고를 당했다. 하지만 이때에도 아버지가 들려준 말 덕분에 용기를 얻어 자신을 단순한 장애인이 아닌 가능성으로 가득 찬 삶을 사는 한 인간으로 보게 되었다.

지난 40여 년 동안 아버지가 해준 말은 너무나 귀중한 보물이다. 아버지는 언제나 나를 믿어주며 이렇게 말했다. "신체의 문제는 장애가 아니란다. 너는 내면에 아무 문제가 없는 정상인이야."

아버지는 많은 사람들이 어떻게 신체적 한계를 극복하며 살아가는지 나에게 보여줬다. 아버지는 나를 '할 수 없다'의 세계에 빠지지 않도록 끌어내 '할 수 있다'의 세계로 밀어 넣었다. 내가 장애를 딛고 일어설 수 있었던 결정적인 요인는 나에 대한 아버지의 변함없는 믿음이었다. 어머니 역시 내가 손을 잃게 되었을 때 스스로를 동정하도록 허락하지 않았다. 나는 부모님의 격려에 힘입어 대학에 진학했고 좋은 성적으로 졸업했다. 나는 스피치를 전공했고, 대학 간 토론회에도 출전했다. 지금은 스스로 신발 끈을 묶을 수 있고, 퀼트를 하고, 도배나 운전, 컴퓨터 작업도 문제없이 할 수 있다.

딸에게 예의를 지키고 딸을 존중하라

아빠가 딸에게 예의를 지키고 딸을 존중하는 것은 좋은 기준이 된다. 딸은 자신이 어떤 대우를 받아야 하는지 알게 되고, 아빠처럼 자신을 존중해주지 않는 남자에게는 끌리지 않게 된다. 아빠가 딸과 엄마를 존중하는 모습을 보이면 딸은 다른 남자들도 반드시 그래야 한다는 개념을 갖게 된다. 하지만 아빠가 딸을 함부로 대하면 다른 남자들도 자신을 막 대하도록 허락할 것이다. 왜냐하면 남자들은 응당 그러하다고 생각하기 때문이다.

너무 엄격하지도, 너무 부드럽지도 않게

아빠는 딸을 보호하고 가르치기 위해 강력한 기준과 규칙을 정한다. 그러면서도 딸과 다소 거친 놀이를 하기도 하고 모험을 감수하기도 한다. 한 여자아이는 아빠의 이와 같은 특성에 대해 "엄마가 날 사랑한다는 것은 잘 알고 있어요. 그런데 아빠는 날 정말 즐겁게 해줘요."라고 말했다.

다음 세대 아빠들에게 전해주고 싶은 말은 균형에 대한 것이다. 즉, 아빠는 엄격한 기준과 규칙을 정하고 실천하되, 한편으로는 딸이 자부심을 느끼도록 다정하게 대해줘야 한다. 지브롤터 암벽을 생각해보자. 스페인 남쪽 끝에 있는 이 암벽은 재미있으면서도 든든하고 안전한 곳의 상징이다. 모든 아빠들은 이 모습을 닮으려 노력해야 한다. 또, 가끔은 스스로에게 다음과 같은 질문을 던져보자.

"나는 함께 살기에 즐거운 사람인가? 지루한 늙은이가 되어가고 있는 것은 아닐까?"

딸은 대화를 좋아한다

딸이 생각하고 믿고 느끼고 꿈꾸고 행동하는 것에 흥미를 가지자. 딸은 천성적으로 관계를 중요시하고 그것에 민감하다. 딸에게 질문을 던지고 대화를 이어가보자. 딸이 아빠를 상대로 대화를 연습할 수 있게 한다. 딸과 자전거를 타거나 산책하며 대화를 나누는 일은 쉽게 할 수 있는 가장 좋은 방법이다.

딸은 이야기 나눌 상대가 있을 때 스트레스를 조절하는 힘이 생긴다. 남자들에게는 대화를 나누는 것 자체가 쉽지 않은 일이나, 다행히도 딸과 대화할 때에는 그다지 많은 이야기를 하지 않아도 된다. 딸의 이야기를 들어주면서 "아~" 혹은 "그래서 어떻게 되었는데?" 하고 맞장구를 쳐주면 된다. 그 정도만으로도 딸은 충분히 만족해한다. 여자들은 어른이든 아이든 어떤 문제에 대해 이야기하면서 해결하려 한다. 따라서 굳이 해결책을 찾아주지 않아도 된다. 물론 딸이 현명한 선택을 하도록 도와줄 필요는 있다. 다만, 조언을 해달라는 부탁을 받았다면 결론이나 해결책을 내놓기 전에 딸이 어떤 생각을 하고 있고 무엇을 해야 하는지 물어본다.

딸이 몰두하고 있는 것에 관심을 보여 관계를 돈독히 한다. 딸의 방에 찾아가 방 안에 가득한 인형을 하나하나 들어 올리며 이름을 물어봐도 좋다. 아빠가 자기 한 사람에게만 관심을 쏟으며 특히 자기가 좋아하는 것에 집중해주는 것은 "너는 내게 소중한 존재야."라고 말하는 것과 같다.

딸에게 사과할 줄 아는 아빠가 되라

아빠는 어른이다. 아무리 지치고 힘든 상태라 감정 조절이 어렵다 해도 한발 물러서서 진정하고 자신이 한 행동에 대해 책임질 수 있어야 한다. 어른들에게는 살아온 인생의 경험과 연륜이 있기 때문이다. 딸이 잘못된 행동을 했을 때 무조건 화내고 체벌하는 방식으로 대응하면, 딸은 더욱 반항하고 일탈하며 이로 이해 아빠의 분노가 커질 수 있다. 이는 잘못된 양육이 불러온 악순환이다.

딸을 향해 언성을 높이며 심한 말을 하고 있다고 자각되면 아빠와 딸이 모두 진정할 수 있는 시간을 가지는 게 좋다. 잠시 다른 방에 가 있는 것도 좋은 방법이다. 아빠의 감정이 가라앉으면 딸에게 심한 말을 했던 것에 대해 사과해야 한다. 이 일로 인해 딸은 존중받는다는 것이 무엇인지 알게 되고, 비록 문제가 당장 해결되지 않는다 해도 부녀 관계가 좋아질 수 있는 길이 열리는 계기가 될 것이다. 부녀 사이에 문제가 생겨 사이가 악화되었다면 잠시 그 문제를 제쳐두고 둘만의 시간을 가져본다. 문제에서 한 걸음 물러나 딸과 즐겁게 시간을 보내는 데에만 집중하다 보면 다시 사이가 좋아지면서 문제가 해결될 가능성이 커진다.

딸의 마음의 문을 여는 방법

딸의 감정을 풀어주고 아빠로서 딸을 보호할 기회를 가지게 해줄 방법이 있다. 아빠가 이 한 마디를 하는 순간 딸은 자신의 이야기를 하기 시작하고 그때부터 질문과 대답이 줄줄 이어진다. 그 한 마디란 바로 이것이다.

"…할 때 네 기분이 어땠니?"

일단 딸이 이야기를 시작하면 귀를 기울이고, "음… 네 마음 알겠어."라고 하거나 "정말 슬펐겠다."라고 반응해준다.

부녀 사이에 대화는 꼭 필요하지만 두 사람이 무조건 같이 있는다고 해서 자동적으로 대화가 술술 풀려나가지는 않기 때문에 대화의 방식은 매우 중요하다.

자기 자식을 아는 사람이야말로 지혜로운 아버지다.
- 윌리엄 셰익스피어,《베니스의 상인》

장난기 많은 부모가 되라

딸과 다시 한 번 어린 시절로 돌아간 것처럼 놀아볼 수 있다. 자녀를 키우는 일이 항상 심각하고 진지해야 되는 것은 아니다. 나중에 아이들이 기억하게 될 것은 집안에서 느끼던 기분이나 감정이다. 빈정대거나 놀리는 말을 하지 않고 딸과 웃으며 놀아주면, 딸은 부모의 눈에서 반짝이는 기쁨을 읽어내고 보디랭귀지를 이해하는 법을 배울 것이다.

딸 잘 키우는 tip

♡ 딸과 놀아준다. 퇴근 후 집에 돌아온 직후나 저녁을 먹고 난 후 아빠와 놀기 시간을 가져보자. 엄마도 함께 놀이하면 더 좋다. 매일 밤 같은 놀이를 한다 해도 아빠의 관심에 대한 딸의 욕구를 채워주기에 충분하다. 놀이가 끝나면 아빠는 또 하나의 규칙을 만들어 발표한다.
"자, 지금부턴 아빠가 엄마랑 이야기 나눌 시간이다."

♡ 딸과 크게 웃어본다. 가끔은 바보처럼 보여도 좋다. 딸과 함께할 수 있는 재미있는 것을 찾아보자. 코미디 영화나 만화책을 같이 보거나, 아무도 예측하지 못한 엉뚱한 짓도 해본다. 슈렉 분장을 하고 등장한 아빠는 어느 집에서나 큰 반응을 일으킨다. 단, 가족들에게 웃음을 줄 때는 조심해야 할 것이 있다. 어설프게 다른 사람을 웃음의 소재로 삼았다가 상대방이 기분 나빠 하면 "아, 그냥 농담일 뿐이야."라고 얼버무리지 않도록 한다. 특히 딸을 대상으로 했을 경우 곤란한 상황이 생길 수 있다.

딸의 변화에 침착하라

딸이 10살이 지나 사춘기에 접어들 때 부모는 침착해야 한다. 그렇지 않으면 딸은 부모가 아무것도 모른 채 당황해한다고 결론 내린다. 아빠는 성인이며 딸의 사춘기가 서서히 지나가리라는 것을 알고 있다. 따라서 침착하게 기다리면서 규칙과 기준을 세우고 칭찬하고 인정하는 역할을 감당해야 한다. 정체성의 위기와 감정의 파도타기를 이겨내고 성장한 딸은 자신감 넘치고, 침착하고, 다정하며 유능한 어른이 되어 다시 예전의 친밀한 부녀 관계로 돌아올 것이다.

딸 잘 키우는 tip

♡ 인격이 평판보다 중요하다. 아빠 자신의 실수에 대해 기꺼이 정직하게 사죄하고 자녀의 실수에 대해서는 용서한다. 아빠로서 체면을 지키려고 고집 부리지 않는다.

♡ 필요할 때는 희생한다. 딸이 태어나면 부인을 돕고 아이와 친밀해지기 위해 휴가를 내는 것도 좋은 방법이다.

♡ 기준과 원칙을 지키기 위해 과감히 맞선다. 항상 자신에게 "이것이 정말 중요한가?"라고 물어보자. 만약 그렇다면 원칙을 고수한다(단 그것을 포기할만한 합당한 이유가 있을 때는 예외다).

♡ 정기적으로 딸과 데이트를 한다. 그 시간에 무엇을 할지는 딸이 정하게 한다. 반드시 비싸고 화려한 나들이일 필요는 없다. 중요한 것은 딸이 고르도록 허락한다는 점이다.

♡ 딸이 중요하고 영리한 존재라고 느끼게 한다. 나이에 적절하고 아이들이라면 대답할 수 있는 질문을 많이 하자.

♡ 딸이 처음 학교에 입학하거나 생일 같은 중요한 순간에 편지를 쓴다. 인생과 사랑에 대한 아빠의 지혜를 딸에게 전할 수 있을 것이다.

딸이 원하는 아빠는…

- 딸의 말에 귀 기울이는 아빠
- 딸이 도전에 맞서 위험을 감수하며, 거리낌 없이 당당하게 말하고, 주어진 대답에 만족하지 않고 스스로 질문을 던지도록 격려하는 아빠
- 딸이 최고의 능력을 발휘하도록 기대하는 아빠. 딸은 아빠가 믿는 만큼 발전한다.
- 딸과 관계를 돈독히 하는 데 시간을 투자하는 아빠. 딸을 위해 쓰는 일기에 그 시간을 기록해둔다.
- 지나치게 근엄하지 않은 아빠
- 딸의 우정에 관심을 가지는 아빠
- 침착한 아빠
- 많이 웃어주고, 가끔은 다시 아이가 되어 딸과 추억을 쌓는 아빠

나는 부모님으로부터 많은 영향을 받았다. 부모님은 늘 내면에서 우러나는 아름다움이 소중하다고 말씀해주셨다. 부모님은 항상 내가 딸이라는 것 자체를 기쁘게 여기고 자랑스러워하셨다.

나는 부모님을 존경한다. 두 분은 항상 원칙에 따라 산다. 또, 원칙에 대한 믿음을 자녀에게도 심어준다. 원칙이 어떻게 부모님의 삶에 영향을 끼치는지, 부모님이 다른 사람들을 대할 때 어떻게 원칙을 지키는지를 보고 배우게 된다.

CHAPTER 14

인격과 개성을 갖춘 딸로 키워라

많은 여자아이들이 내면 깊은 곳에 위대한 모험에 동참하고 싶은 소망을 품고 있다. 딸들은 중요한 일을 해내고, 의미 있는 삶을 살고, 사회악을 없애는 데 앞장서기를 갈망한다. 그렇다고 해서 세계적인 빈곤과 아동 학대를 막기 위해 평생을 일하겠다고 말할 필요는 없다. 중요한 것은 세상에 좋은 영향을 끼치고 기여하는 인생을 살 수 있다는 믿음과 그렇게 되기를 진심으로 원하는 마음이다.

여자아이들은 아름답고, 지혜롭고, 유능하고, 훌륭해지고 싶어 한다. 8~10살 사이의 여자아이들과 이야기를 나누어 보자. 그들은 대부분 자기 자신을 믿으며 인생에서 이루고자 하는 것에 대해서도 자신감이 넘쳐 있다. 하지만 이 아이들이 사춘기에 접어들면 자아를 잃어버리고 다른 사람의 인정을 구하기 시작한다. 특히 또래 남자아이들에게 온통 정신이 팔려 인생의 미래나 이루고 싶은 꿈에 대해서 생각하는 일은 뒷전으로 미룬다. 이때야말로 부모의 역할이 중요하다. 딸이 미래를 내다보며 꿈을 지킬 수 있도록 도와줘야 하기 때문이다. 딸에게 필요한 것은 인생이 가능성으로 가득 찼다고 보는 관점이다. 이를 위해 부모는 딸에게 꿈을 이룰 능력이 있다고 계속

해서 확신을 줘야 한다.

여자아이들의 성취는 타고난 지적 능력에 의한 것이라기보다는 가족의 관심과 기대가 낳은 결과일 가능성이 크다. 부모가 모범을 보이면 딸들은 힘든 사춘기를 피해 갈 수 있다. 부모가 엉망으로 살면서 딸의 신뢰를 잃는다면, 딸은 거짓으로 위로하며 접근하는 사람들에게 끌려 아주 낮은 목표 속으로 자신의 삶을 던져버릴 수 있다.

가장 행복한 엄마는 자신의 능력이나 그것을 개발하기 위한 과정에 자신감을 느끼는 사람일 가능성이 크다. 이와 같은 엄마들은 자녀뿐만 아니라 스스로를 어떻게 다스려야 할지 알고 있다. 딸이 흥미를 느끼거나 딸의 재능에 맞는 직업을 접해볼 수 있게 하고, 부모가 일하는 직장을 보여주자. 이는 딸이 인생의 여러 가지 가능성을 볼 수 있게 해줄 것이다. 비슷한 관심거리를 공유하는 재미있고 의욕적인 친구들이나 미래의 배우자와 만날 수 있는 교육 과정을 밟게 될 때 딸은 더 만족스러운 인생을 산다.

딸의 리더십은 부모 하기 나름이다

일부 아이들은 리더십을 타고난다. 이 아이들이 취하는 태도나 행동은 자연스럽게 다른 사람들에게 영감을 주고 자신감을 불러일으킨다. 딸이 친구들의 마음을 움직여 이끌어가거나, 경쟁심이 강해 팀이나 학급의 우두머리가 되는 일에 뛰어나지 않을지도 모른다. 하지만 모든 젊은이들은 리더에게 필요한 요소를 습득할 수 있고 어떤 식으로든 리더가 될 수 있다. 심지어 리더십을 타고난 아이들도 겸손하고 용기 있는 자세로 약자를 돕도록 가르쳐줄 부모가 필요하다.

아이들의 리더십은 다양하다. 예를 들어, 친구들이 다른 친구를 괴롭힐 때 개입해 막아주는 것일 수도 있다. 혹은 친구들 사이에 흐르는 부정적인 분위기를 긍정적으로 바꾸기 위해 기지를 발휘하는 것일 수도 있다. 혼자 밥을 먹는 친구에게 "같이 밥 먹자."라고 말하는 것도 하나의 방법이다.

부모는 적절한 조언과 지도를 통해 딸이 리더가 되기 위해 필요한 인격을 갖추며 성장할 수 있도록 도와줘야 한다. 십대들은 동료들의 시선이나 의견에 아주 민감하다. 아이들에게 리더십이란 평범하게 어울리는 것과 필요한 경우 홀로 앞서가며 분위기를 혁신하는 것 사이에서 미묘하게 줄다리기를 하는 일이다.

몇몇 연구 결과에 따르면, 권위주의처럼 리더십과 관련된 자질은 부모로부터 물려받는다고 한다. 마틴 셀리그먼 박사는 《자녀에게 줄 최상의 선물은 낙관적인 인생관이다》에서 성격의 4분의 1에서 절반까지는 부모에게서 물려받는다고 주장했다. 이 말을 뒤집어 생각하면 절반에서 4분의 3까지는 살면서 배우고 실제 상황을 통해 실천하면서 형성된다는 의미로 볼 수 있다. 리더십이라고 해서 부하를 거느리고 칼을 휘두르며 적을 공격하는 것과 같은 장면을 떠올릴 필요는 없다. 리더십은 어떤 문제에 대한 해결책을 제시하며 친구와 대화하는 것을 뜻할 수도 있다.

리더십은 회복력과도 관계가 깊다. 리더십이 있는 사람은 상황을 잘 견디고 더욱더 강한 인격으로 거듭난다. 하지만 리더십이 강한 사람들이 어려운 상황을 긍정적으로 해석하고 그러한 경험을 통해 교훈을 얻을 수 있게 도와주는 사람은 바로 그들의 멘토다. 부모로서 훌륭한 멘토가 되어 딸에게 다음과 같이 말해주자.

"네가 어려운 일을 해결해나가는 방식이 자랑스럽구나."

"이번 일을 겪으면서 팀을 이끌어가는 과정은 정말 훌륭했어. 모두가 자신이 중요한 존재라고 생각하고 최선을 다할 수 있게 만들었더구나."

리더십이란 다른 사람들이 어떤 일에 더 깊이 관여하게 만들고 좀 더 이타적인 결정을 내리도록 만드는 것이다. 또, 사람들에게 확신을 주고 최고의 잠재 능력을 이끌어낼 수 있게 해준다. 여자들의 경우에는 관계 맺는 능력에 대한 장점을 발휘하고, 서로 조직적으로 연결되어 단체 결정을 할 때 좀 더 많은 리더십을 발휘할 수 있다. 부모로서 딸에게 이와 같은 특징이 잘 드러나 발달하는 것을 즐겁게 지켜보자. 대부분의 사람들은 때때로 다른 사람에게 어떤 식으로든 영향을 끼칠 수 있다. 따라서 딸이 아주 사소한 일이라 해도 리더십을 연습할 기회가 있다면 지원을 아끼지 않도록 한다. 딸에게 최선의 기량을 발휘하도록 기대하고, 최대의 지원을 해주자. 딸의 장점, 타고난 재능과 능력을 알고 딸이 올바른 모습으로 자라리라 기대하자. 현재 딸의 미래가 불확실해 보일지라도 침착하고 진실되며 따뜻하면서도 자신의 능력에 대한 확신이 넘치는 사람으로 자랄 것이다.

딸에게 리더십을 길러주기 위해 긍정적인 롤 모델을 찾아줘야 한다. 재미있고 열정적이며 적극적인 생활 방식을 지닌 친구들은 딸에게 가능성으로 가득한 삶의 단면을 보여줄 것이다. 할머니, 고모, 이모, 친구들은 훌륭한 롤 모델이 되어 딸에게 지혜를 전해줄 수 있다. 항상 주변 사람들을 자극하고 상황을 적극적으로 개선하려는 사람들을 딸이 만날 수 있게 해주자.

딸이 의미 있는 시간을 보내도록 도와줘라

뉴질랜드의 명문 여학교인 칠튼 세인트 제임스 스쿨의 교장을 역임한 질리언 아라고(Jillian Arago) 박사는 부모의 태도 중 문제가 되는 한 가지를 지적했다. 딸이 어떤 활동이나 운동에 전념해서 숙달되기 전에 그만두는 것을 의외로 많은 부모들이 허용한다고 한다. 즉, 어느 정도의 노력이나 인내가 절대적으로 요구되는 결정적인 순간에 딸이 그것을 피해 빠져나오도록 용인한다는 것이다. 아라고 박사는 이로 인해 아이들은 '투쟁하는' 중요한 경험을 박탈당한 뒤 성취해내지 못하는 사람이 되기 쉽다고 지적했다. 덧붙여 노력하고 인내하며 힘겹게 이루어내는 경험처럼 중요한 것은 없다고 강조했다.

딸이 스스로 도전하고 경험을 넓히며 성장할 수 있는 활동에 참여하도록 격려하자. 또, 재미있으면서 안전한 활동을 즐길 수 있게 해주자. 좋은 친구들을 사귈 수 있도록 도와주고 딸 친구들의 부모와도 알고 지내는 것이 좋다. 딸이 정체성을 찾아가는 데 중요한 역할을 해줄 사람들과 친밀한 유대 관계를 맺게 하고 다양한 친구들 무리와 어울리게 한다. 딸이 배우는 것을 함께 배우며 대화를 통해 딸의 의견을 들어본다. 영감을 주고 의욕을 불러일으키는 여성 영웅이나 롤 모델에 접할 수 있게 해주고, 스스로 의미 있고 균형 있는 삶을 살아갈 수 있다고 생각하게 만들어야 한다.

딸이 상상력을 발휘해 의미를 부여할 수 있는 삶을 살도록 도와준다. 그리고 딸이 무엇이든 할 수 있지만, 모든 것을 잘 해야겠다는 생각에 사로잡힐 필요가 없다는 것도 깨닫게 해야 한다. 성공한 여성들의 인생 여정에는 항상 많은 우여곡절이 있음을 알려주는 것을 잊지 말자.

딸의 자존감을 키워라

여자아이를 교육하는 것은 남자아이를 교육할 때와는 다른 접근법을 필요로 한다. 여자아이들은 가르침을 받아들이는 과정이 다르기 때문이다. 일단 뇌 구조 자체가 남자아이와 똑같지 않다. 특히 뇌에서 활성화되는 호르몬 체계가 크게 차이가 난다. 에스트로겐과 프로게스테론은 사춘기 여자아이들의 편도체에 영향을 끼쳐 감정을 가라앉히는 진정제 역할을 한다. 이두 호르몬의 역할은 아주 강력해서 때로는 십대 소녀들이 자기 세계 속으로 콕 틀어박히게 만든다. '격려'는 사춘기 여자아이들의 정서적인 풍요로움이 아닌 생존을 위한 것이다. 아라고 박사는 격려의 중요성에 대해 다음과 같이 설명하고 있다.

"흔들리지 않고 건강한 자존감은 사춘기 여자아이들과 거리가 먼 이야기다. 그 애들을 100번 칭찬한 뒤 부정적으로 해석될만한 이야기를 한 마디 해보라. 아마 나중에 한 그 한마디만 기억할 것이다."

부모는 딸들에게 야망을 가지고 상상력을 발휘해 스스

로 성공한 모습을 그려볼 수 있도록 해야 한다. 딸들은 다른 여성들의 삶을 통해 모든 인생에는 좋은 면이 있는가 하면 나쁜 면도 있다는 것을 알게 된다. 한편, 딸들에게는 기술과 능력도 필요하다. 어떻게 하면 새로운 환경에 잘 적응하면서 삶을 혁신적으로 꾸려갈 수 있는지, 또 좌절로부터 어떻게 회복되어야 하는지도 알고 있어야 한다.

실비아 림 박사는 성공한 수천 명의 여성들의 삶에 대해 조사하고 기록했다. 그리고 그들의 성공을 개인적인 충족이라 결론 내리며, 그와 관련된 이야기를 자세히 기록한 《내 딸에게 성공의 날개를 달아주자(How Jane Won)》라는 책을 냈다. 이 책에 따르면, 성공한 여성들은 인종, 자라온 환경, 성격, 능력에 관계없이 자신에게 가장 알맞은 선택을 할 수 있는 지혜가 있었다. 그들은 자신이 할 일의 우선순위를 정하고 삶의 각 단계마다 다른 선택을 해서 일과 관계 사이에서 균형을 잡았다. 다시 말해, 삶의 단계가 달라질 때마다 가장 큰 우선순위를 일에 둘 것인지, 아니면 관계에 둘 것인지를 다르게 했다.

림 박사의 제안에 따르면, 부모의 권고는 딸이 가장 최선이기를 바라는 마음과 사랑에서 비롯된 것임을 딸에게 늘 확인시켜줘야 한다. 그 외에 부모가 딸에게 알려줘야 할 중요한 사실은 두 가지가 있다. 첫째, 일과 관계 사이에서 균형 잡기는 여자의 삶에서 늘 진행 중인 도전거리다. 둘째, 사회의 기대에 억지로 끼워 맞추지 않고 자신만의 가치관을 충족시키는 결정을 해도 괜찮다.

딸 잘 키우는 tip
성공한 여성들의 삶을 통해 알아보는 딸을 위한 지침

♡ 건강한 경쟁을 통해 성장한다. 딸이 학교나 직장에서 경쟁의 세계에 뛰어드는 위험을 감수하도록 격려한다. 특히 승리의 기쁨을 확실히 맛볼 수 있는 분야뿐만 아니라 별로 잘하지 못하는 분야의 경쟁에도 뛰어들게 해야 한다. 자신보다 나은 사람을 존경하고 칭찬하며 배우다 보면 자기 통제력이 생기고, 필요할 때는 경쟁자들로부터 자극을 받아 더욱 분발할 수 있다. 딸은 어떤 분야에서든 실력이 자기보다 나은 사람과 그렇지 않은 사람이 있다는 것을 알게 된다.

♡ 스스로를 똑똑하다고 생각하는 여자들은 성공할 준비를 갖추고 있는 셈이다. 스스로를 똑똑하다고 생각하는 것은 자신이 모든 분야에서 유능하다고 느낀다는 의미는 아니다. 자신의 장점이나 흥미를 발견하면 스스로를 긍정적으로 바라볼 수 있다.

♡ 사교적인 활동을 한다는 것은 좋지도 나쁘지도 않다. 단,

학습을 방해해서는 안 된다. 중요한 학창 시절에 학습을 방해하지 않는다는 전제 아래 사교적인 활동을 해도 좋다. 가족이 중시하는 가치관을 공유할 수 있는 친구를 사귀게 한다. 학습을 중시하는 친구와 사귀면 신 나게 놀면서도 서로 공부하는 데에 도움을 줄 수 있다.

♡ 성공하는 여자들은 여행을 중요하고 긍정적인 경험으로 받아들인다. 가족 여행을 통해 가족 간의 유대 관계를 강화시키는 흥미로운 모험으로 받아들인다. 학교에서 가는 여행이나 친구들과의 여행은 딸의 독립심을 크게 키워주고 세상을 보는 시야를 넓혀준다.

♡ 형제자매 관계의 서열 때문에 망설이지 않는다. 딸이 첫째가 아니라는 이유로 리더십을 발휘하는 것을 막지 않도록 한다. 딸이 첫째이더라도 무조건 다른 형제자매들에게 양보하게 하지 않는다.

♡ 장애물로부터 기회가 생긴다. 딸이 도전에 응하고 장애에 맞서도록 가르친다. 성공으로 가는 길은 뻥 뚫린 고속 도로가 아니다. 어려운 문제를 해결하며 키운 통제력과 창조성은 대부분 직업에서 아주 중요한 역할을 한다. 성공한 여성들은 어떠한 어려움 속에서도 꺾이지 않는 자신의 일에 대한 열정이 있다.

♡ 열정과 이성 사이에서 균형을 잡는다. 자신이 하는 일을 통

해 가치관을 세워나간다. 딸이 어린 나이에 하나의 직업에 매달리지 않게 하자. 벽에 부딪혔을 때 다른 길을 가는 것에 두려워하지 않도록 용기를 주자.

강한 딸로 키워라

딸이 자신을 좋아하고 세상과 당당히 맞서도록 지혜와 자신감을 준다. 딸이 장점을 살리도록 격려하고 딸의 풍부한 지식과 상식을 높이 평가해준다. 딸이 장애물을 인지하더라도 물러서지 않고 극복할 수 있도록 도와준다. 딸이 잘하는 분야의 능력을 개발해 스스로의 힘으로 목표를 달성하고 이러한 능력으로 다른 사람을 돕게 한다. 딸이 '강하고 영리하고 용감하게!' 자라나게 하는 것은 딸을 키우는 부모의 의무다.

  자라는 딸에게 한 투자는 부모의 미래에 투자하는 것과 같다. 지혜와 능력을 다해 딸을 가르치면 딸은 다정한 어른으로 자라 부모의 고민을 들어주는 가까운 친구가 된다. 딸을 키우는 부모들을 위해 한 편의 시와 함께 마무리 지을까 한다. 테레사 수녀는 자신이 운영하던 콜카타의 어린이집 벽에 이 시를 붙여놓고 날마다 암송했다고 전해진다. 어떤 부모에게나 딸을 키우는 것이 즐거움과 사랑이 넘치는 아주 신 나는 일이 되기를 바란다.

그래도…

켄트 키스

사람들은 보통 비논리적이고 비합리적이며 자기중심적으로 생각한다.
그래도 그들을 사랑하라.

착한 일을 하면 다른 속셈이 있다고 비난하는 사람들이 있다.
그래도 착한 일을 하라.

성공하면 나쁜 친구도 생기고 적도 생길 수 있다.
그래도 성공하라.

정직하고 성실하게 살다가 불이익을 당할 수 있다.
그래도 정직하고 성실하라.

여러 해 동안 공들여 이룬 것이 하룻밤 사이에 무너질 수 있다.
그래도 이루기 위해 노력하라.

마음의 평화와 행복을 찾으면 질투를 받을 수 있다.
그래도 행복하라.

오늘 좋은 일을 한 것이 내일이면 잊혀질 수 있다.
그래도 좋은 일을 하라.

세상에 최선의 것을 주고도 호되게 봉변을 당할 수 있다.
그래도 세상에 당신이 가진 가장 값진 것을 주어라.

인성이 바른 딸로 키우려면…

- 딸이 자신감을 갖도록 용기를 북돋워준다.
- 딸에게 리더십을 길러준다.
- 딸이 삶의 의미를 찾을 수 있도록 도와준다.
- 딸이 당당하게 자신의 목소리를 내고 자립심을 갖게 한다.

딸 키울 때
꼭 알아야 할
12가지

초판 1쇄 발행 2016년 3월 25일
초판 8쇄 발행 2021년 8월 16일

지은이 | 이안 그랜트 · 메리 그랜트
옮긴이 | 유윤한
발행인 | 윤호권 · 박헌용
본부장 | 김경섭

발행처 | ㈜시공사
출판등록 | 1989년 5월 10일(제3-248호)
브랜드 | 지식너머

주소 | 서울특별시 성동구 상원1길 22, 7층 (우편번호 04779)
전화 | 편집 (02) 3487-1151 · 마케팅 (02) 2046-2800
팩스 | 편집 · 마케팅 (02) 585-1755
홈페이지 | www.sigongsa.com

ISBN 978-89-527-7582-5 14590
SET ISBN 978-89-527-7584-9 14590

이 책의 내용을 무단 복제하는 것은 저작권법에 의해 금지되어 있습니다.
파본이나 잘못된 책은 구입한 서점에서 교환해드립니다.

지식너머는 ㈜시공사의 브랜드입니다.